원하는 삶을 위한 최적화 마인드맵

슈퍼 행동력

원하는 삶을 위한 최적화 마인드맵

슈퍼 행동력

초판 1쇄 인쇄 2024년 12월 16일
초판 1쇄 발행 2024년 12월 31일

지은이 조문경

발행인 백유미 조영석

발행처 (주)라온아시아
주소 서울특별시 서초구 방배로 180 스파크플러스 3F

등록 2016년 7월 5일 제 2016-000141호
전화 070-7600-8230   **팩스** 070-4754-2473

값 19,500원
ISBN 979-11-6958-135-6 (13190)

라온북은 독자 여러분의 소중한 원고를 기다리고 있습니다. (raonbook@raonasia.co.kr)

Great ability develops and reveals itself increasingly with every new assignment.

원하는 삶을 위한
최적화 마인드맵

슈★퍼
행동력

조문경 지음

"당신이 알아야 할 최단 루트는 행동력이다"
미라클 라이프를 성취하는 정신, 신체, 시간, 습관 관리 노하우!

RAON
BOOK

RAON
BOOK

행동력은 생존력이다

　죽고 싶었지만 죽고 싶던 게 아니라 이렇게 살기 싫은 거였다. 22살의 나는, 한번 죽었다 깨어났다.

　나의 정체성에 대한 고민 없이 흘러간 시간은 의미 없는 시간의 연속이었다. 작심삼일을 반복하며 무엇하나 성공해 내지 못하는 내가 너무 한심했고, 자기혐오와 미래에 대한 불안과 두려움 그리고 억눌려 있던 결핍까지. 그렇게 부정적인 감정들은 언제 터져도 이상하지 않았다. 정신적으로 안정적일 수 없었고 스스로 온전하지 못했던 나는 식이장애부터 시작해서 다이어트 강박증, 알코올의존증, 대인기피증, 공황증세까지 우울의 끝을 달렸다. 죽고 싶었지만 죽고 싶던 게 아니라 이렇게 살기 싫은 거였다. 더 내려갈 곳도 뒤로 물러날 탈출구도 없었다. 지옥이 있다면 그곳이 지옥이나 마찬가지였다. 그러나 죽지 못한다면 살아남아야 했다. 그렇게 나는 행동력의 끈을 붙잡고 생존했다. 나로서 중심을 잡고 쉽게 흔들리지 않는 뿌리를 내렸다. 그러나 문제는 생존만이 답이 아니었다. 그저 흘러가는 대로 사는 게 아닌 깨어나 살아있음을 느껴야 했다.

~~~~~~~ **"앞으로의 미래는 어떻게 될까..?"**

어제, 적연히 친구가 내게 건넨 의문이다. 단어 자체도 막연한 '미래' 사실 우리 모두가 생각하고 있는 조바심 아닐까. "지금은 흐름이 바뀌고 있고 그 흐름에 우리 세대가 영향을 받을거란 느낌이 들어서 불안하다"라고 말한다. 앞으로의 미래는커녕 당장 내일도 알 수 없기에 두렵고 불안하다. 그러나 미래를 안다면 과연 두려울까? 확신이 있다면 불안할 수 없다. 인공지능이 대체되고 개인의 자리가 점점 줄면서 AI혁명 시대가 가속화되고 있지만 시대가 달라져도 달라지지 않는 본질이 있다. 흐름이 바뀌는 이 때에 불안한 개인이 살아남는 방법은 단 하나. 답은 슈퍼 행동력이다. 스스로가 삶의 주인이 된다면 두렵지 않다. 이제는 그뿐만이 아니다. 쳇바퀴처럼 돌아가는 일상, 꼭두각시처럼 초점 없는 흐리멍덩한 눈으로 오늘을 지나는 이들은 과연 살아있는 걸까? 현실에 존재해서 살아는 있으나 죽어있는 산송장과 다름없다면 어떤 의미가 있을까? 숨을 쉰다고 해서 살아있음을 느낀다고 할 수 없다. 운명을 다해 관에 들어가기만을 기다리고 있다면 세상은 내 편이 아니다. 내가 그랬듯이, 세상을 등지지 못해 살 거라면 세상이 나를 찾게 만들어야 생존한다. 나를 알아야 내 그릇도 넓혀갈 수 있다. 남에게 기죽지 않는 것도 좋으나 남을 기죽이지도 않아야 한다. 그렇게 나를 인식하고 정립할 수 있는 사람만이 남을 끌어당길 수 있다. 쌍코피 터지는 심정으로 열심히 살라는 뜻은 아니다. 그저 자신의 존재가치를 증명시키고 확장해야 살아있음을 느낄 수 있다. 사회에서 서서히 죽어가지 않도록. 결국 행동력은 생존력이나 다름없다.

～～～～ 이 책 속에 이기는 방법을 담았다.

변화가 절실하다고? 원하는 바를 이루고 싶다고? 안타깝지만 간절히 바란다고 이루어지지 않는다. 생각의 지평이 아무리 넓어도 행동이 없다면 의미도 없다. 노력의 정도도 간절함의 깊이도 보이고 드러나게 돼 있다. 더 이상 이렇게 살기 싫다면 이 책이 기회다. 슈퍼 행동력은 누구나 할 수 있다.

22살의 내가 죽었다 깨어난 것처럼, 그렇게 행동력을 통해 단한 명만이라도 인생의 변환점을 찾았으면 하는 생각으로, 나보다는 좀 더 쉽게 생존할 수 있기를 바라는 마음으로 책을 써 내려갔다. 이제는 당신의 차례다. 당신의 잠재력은 뿜어내기만을 기다리고 있다. 불안과 두려움 그리고 막막함에 직면해 처절한 몸부림을 치고 있다면 이 책을 통해 조금이나마 도움이 되기를 바란다.

마지막으로, "살 빼야지, 술 끊어야지, 유튜브 해야지‥"

신년이면 어김없이 등장하는 자기관리. 올해는 살도 빼고 술도 끊고 유튜브도 하고 새 인생을 살아보리라. 그렇게 매년 다짐하지만 사람의 욕심은 끝이 없고 같은 실수를 반복한다. 신이 아니고 인간이라 그렇다. 이 책을 펼쳐봤다면 아직 늦지 않았다. 만년 숙제처럼 따라다니는 건강, 돈, 관계 등등 인생의 모든 부분에서 행동력 하나면 이기는 싸움이 될 것이라 확신한다.

단, 주의할 점은 슈퍼 행동력을 통해 부작용이 생길 수 있다.

혼자서 시간을 보내는 게 너무 재밌어질 수 있다. 자신에 취해 매일 거울만 들여다보게 될 수 있다. 처음에는 비웃던 사람들이 어느새 내게 질문을 하게 될 수 있다. 상상해 보라. 내일을 기대하며 설레는 아침을 맞이하는 당신의 모습을. 생각만 하던 것들이 실제로 내가 생각하는 대로 흘러가고, 내가 원하는 삶을 살 수 있다면?

조 문 경

차 례

◆

2장

이것이 슈퍼 행동력의 힘이다 : miracle(미라클)

1장

왜
슈퍼 행동력인가?

슈퍼 행동력은
배울 수 있다

참으로 요란한 세상이다. 언제부터인지 과거에 비해 현대 사회는 더 복잡해지고 시끄러워졌다. 코로나 팬데믹 이후, 전 세계는 광범위한 변화를 겪고 그 영향은 제4차 산업혁명이 가져올 거라 예상했던 사회적, 경제적 변화를 더 빠른 속도로 마주하고 있다. 혼란스럽고 빠르게 변화하는 세상 속에서 생존의 위협을 느꼈던 개인들은 자신의 위치를 찾기 바쁘다. 불황과 실업난을 돌파하기 위해 본인의 경쟁력 강화와 자기 계발 인식은 강해져만 가고, 평생직장의 개념은 점점 흐려지고 있다. 파이어족, 조기 은퇴를 꿈꾸는 MZ세대들도 여러 직업을 갖는 'N잡러'에 대한 관심이 높아지면서 사회에서 살아남기 위한 고군분투는 참으로 피곤스럽다. 숨차게 달려가다 번아웃이 오고, 지치다 못해 감정이 태도가 되어 날이 서 있는 사람들을 보면 여러 의미로 뾰족한 사회를 볼 수 있다.

본능적인 욕구 속에 같은 무리가 될 것인가 사람답게 생존할 것인가는 자신의 선택이다. 더 나아가서 이제는 쉽게 찾을 수 있는 세밀한 정보들은 도움을 주고 해답을 알려준다. 하지만 어떤 기준으로 내 것을 만들고, 어떻게 흡수해야 할지 막막하기만 하다. 양극단의 정보와 자극적인 기삿거리가 빠르게 생겨나고 사라지는 와중에도 그마저 전부 담지 못해 빠르게 휘발된다. 넘쳐나는 정보의 홍수 속에 떠밀려 다닐지, 본인만의 중심을 잡고 행동할지조차도 오로지 자신의 선택이다. 이때 당신에게 슈퍼 행동력이 있다면 자신만의 중심을 잡고 내공을 쌓는 방법을 배울 수 있다.

먼저 아래에 두 가지의 질문에 답해보기를 바란다.

～～～ '자신의 존재', 나는 누구인가?

"일단 시작하라"

보편적으로 두루 쓰이는 말이지만 일단 시작하는 것은 둘째 치고, 한다고 해도 꾸준히만 할 수 있다면 얼마나 좋을까. 그랬다면 이미 누구나 자신의 중심을 잃지 않고 원하는 삶을 살고 있을지도 모르겠다. 나는 왜 행동하지 못하고 왜 자신을 다루기 힘든지, 나아가 행동력을 높이는 것보다 더 중요한 본질적인 질문인 "나는 누구인가"에 어떻게 답할지 생각해 봐야 한다.

이 질문에 자신의 성격은 어떠하고 몇 월 며칠에 태어났다고 답할 것인가? 이름, 나이, 직업 등은 본질적인 답이 되지 못한다. 지극히 개인적인 질문이기도 하면서 다양한 방식으로 해석될 수 있기에 정해진 정답 또한 없다. 남에게 배려하고 베풀어야 나에게 좋은 영향이 있다는데, 내 마음이 여유가 없다면 배려는커녕 남은 보이지도 않는다. 존재 이유를 찾아야 한다. "나는 누구인가?" 이 정말 간단하면서도 간단하지 않은 질문이 '나'를 괴롭힌다.

자동차가 한 대 있다고 생각해 보자. 제일 먼저 차를 움직이게 하려면 차의 작동 시스템을 알아야 한다. 시동을 켜고 가고자 하는 위치를 설정하고 오래 달리면 주유로 에너지를 채워준다. 옵션으로 자율주행이라는 능력치를 통해 조금 더 쉽게 능력껏 달릴 수 있다. 그러나 차는 내가 가고 싶은 곳으로 편하게 갈 수 있게 해주지만, 자칫 잘못하면 사고가 날 수도 있다. 자동차는 기본적으로 안전성, 편의성, 유용성 등의 가치로 존재 의미가 있다. 가치가 없다면 존재 의미가 없을까? 존재 의미가 있기에 존재하며 이미 존재한 것들은 가치를 못 찾았을 뿐 의미 있다는 뜻이다.

사람도 마찬가지로 '나'라는 존재를 움직이려면 나에 대해 알아야 하고, 나의 작동 시스템을 알아야 행동력의 시동이 걸린다.

개인이 지니는 역량, 능력, 가능성 등에 있어 자신의 가치는 무엇인지, 바라고 목표하는 이상은 무엇인지, 또한 그 이상향에 대한 동기는 무엇인지 스스로 찾아내야 한다. 슈퍼 행동력은 본질적으로 깊이 있게 '나를 아는 것'에서부터 시작하며 그것은 오로지 '나'만이 가능하다.

~~~~~ '자신의 위치', 나는 어디로 가고 있는가

우리는 대화할 때도 글을 쓸 때도 주제와 벗어나면 길을 잃어버린다. 하물며 '나'라는 존재를 온전히 이해하지 못하고 내가 갈 길을 자각하지 못한다면 과연 원하는 길로 들어설 수 있을까. 도로를 잘 달리고 있음에도 갈림길 앞에서 방향을 잃는다. 어디로 가는지 분명하다면 갈림길에서도 망설이지 않고 직진할 수 있다. 그러나 목적이 아닌 목표물만 바라보고 속력을 낸다면 엉뚱한 방향으로 들어서게 될 수 있다. 또는 목적하는 바에 빨리 가고 싶어서 나와 내 주변을 보지 못하고 목표물로 돌진하다가 그 지점에서 사고가 발생한다. 예를 들면, 다 포기해 버리고 싶은 번아웃이 온다든지 사기를 당한다든지 오히려 되돌아가 다 내려놓고 처음부터 시작해야 할 수도 있다.

이렇게 다양한 사고가 존재하겠지만 주변에 피해나 주지 않으면 다행이다. 또는 갈림길에서의 선택이 잘못될까 두려워 그저 옆으로 지나가는 차들의 눈치만 살피며 진퇴양난에 빠질 수도 있겠다. 이렇게 사고에 직면하거나 앞을 가로막은 것도 아닌데 내 갈 길을 못 가거나, 막다른 길에 다다라 시간과 에너지를 낭비하는 불상사가 발생하지 않도록 하려면 비록 속도는 느릴지라도 나에게 맞는 방향의 본질을 파악해야 한다.

하지만 나는 누구인지, 내가 어디로 가고 있는지도 모르고 자신에 대한 성찰 없이, 노력 없이 목표만 탐내는 일은 공명정대하지 않다. 탐욕으로 손쉽게 이익을 얻거나, 복권 당첨이나 도박, 공격적인 투자로 일확천금을 노리는 우리 현대 사회와 많이 닮아 있다. 어디 오프라인만 그러한가. 온라인 세상도 마찬가지다. 점점 더 빨라지고 짧아지는 숏폼 영상들은 릴레이 하듯 속도와 자극을 추구하며, 긴 글보다 간결하고 짧은 글을 선호한다. 그래서인지 책을 멀리하는 사람들은 늘어만 간다. 더 다양하고 많은 미디어를 배우고 흡수하려니 뇌는 과부하가 걸린다. 그로 인해 여과 없이 자극적인 글과 영상을 소비함으로써 집중력을 잃고 에너지를 잃는다. 나 자신을 잃어 길을 잃지 말아야 한다. 결국 속도가 아니라 방향이다.

따라서 내가 원하는 길로 들어서기 위해서는 두 번째 본질적인 질문에 답해야 한다. 자신의 존재가 나뿐만 아니라 '타인에게 어떠한 의미가 있는지', 그리고 '세상에 어떤 형태로 필요한 존재인가'라는 질문에 어떻게 답할 것인지도 생각해봐야 한다.

그 해답은 첫 번째 질문으로부터 얻을 수 있다. '빨리 가려면 혼자 가고, 멀리 가려면 함께 가라'는 말처럼 자신의 가치를 타인에게 창출함으로써 또 다른 가치 있는 무언가와 점철된다. 결국 슈퍼 행동력이 있는 사람만이 내가 누구인지, 어디로 가고 있는지에 대한 답이 분명하다. 그렇게 나와 타인의 연결고리가 되어 줄 것이다. 특히 요즘 여러 분야에서 유행하는 챌린지처럼 같은 꿈과 목표를 가진 행동력 군단들과 함께라면 최선의 결과를 도출해 더 많은 것들을 성취할 수 있게 된다.

사실 나도 빨리 가고 싶어서 외로이 혼자 속도를 냈던 적이 있다. 목표물만 바라보다 낭떠러지로 떨어지기도 했으며 혼자서는 지속할 수도 멀리 갈 수도 없었고 더 이상 올라갈 수도 없었다. '내가 슈퍼 행동력에 대한 방법을 좀 더 빨리 알았다면 멀리 돌아오지 않았을 텐데.' 하는 아쉬움도 있지만, 한편으로는 내가 겪어본 일들로 이렇게나마 알려줄 수 있어 감사하다. 나 또한 타인의 마음을 채울 수 있는 일에 불을 더 밝히고 싶다. 슈퍼 행동력은 당신이 가고자 하는 길에 밝은 불로 안내해 줄 것이다.

지금까지 말한 모든 내용은 자아실현이 바탕이 된다. 나는 이런 삶의 과정을 '나를 찾아가는 시간 여행'이라 부르고 싶다. 그렇게 나를 찾고 내가 진정으로 원하는 것과 어떤 사람으로 살아가고 싶은지 스스로 창조해야 한다. 결과적으로 '나'를 알아야 나의 가치를 찾아 잠재력을 발휘할 수 있고, '나의 위치'를 알아야 가고자 하는 의미 있는 길을 즐길 수 있다. 조금 느리더라도 원하는 바를 분명히 알고 원하는 방향으로 가다 보면 삶의 주인은 당신이 된다. 이제는 행동하는 사람과 안 하는 사람으로 나뉘는 시대로 접어들었다. 오로지 슈퍼 행동력만이 자신을 살릴 수 있다.

슈퍼 행동력이 차이 나는
인생 시스템을 만든다

   세상에는 2가지 유형의 사람이 있다. 바로 '잘 나가는 사람'과 '못 나가는 사람'.

   갈수록 빈부격차가 심해지면서 중간계층은 점점 줄어드는 양극화 현상이 깊어진다. 최근에는 부모의 자산과 소득 정도에 따라 상류층 계급을 지칭하는 금수저, 일상을 영위하기에 어려움을 겪는 흙수저로 나뉘는 '수저계급론'은 하나의 패러다임이 되어 새로운 계급사회가 구성됐다. 평등을 외치는 오늘날, 현대 사회에서도 여전히 수저론과 같은 신 계급사회를 만들며 그 격차가 상당하다. 심지어 타이태닉호가 침몰했을 당시 구조 현황을 살펴봐도 신분에 따라 생존이 결정됐다. 비용과 미관상의 이유로 충분치 않던 구명정은 지위가 높은 1등실에 근소하게 있었고, 대부분 1등실 승객만 구명정에 탔다. 가난한 이민자들이 많던 대다수 3등실 승객은 배에 오르지 못해 생존률이 가장 낮다. 칼에 맞아 죽는 것보다 돈에 맞아 죽는 것이 와닿는 순간이다.

그렇다면 이 계급과 신분 차이는 어디서부터 나오는 걸까. 그 차이는 정말 바꿀 수 없는 걸까? 이제는 시대가 달라졌다. 신분 사회 시대는 태어난 배경에 따라 신분이 정해졌으나 오늘날은 유망한 신종 직업도 생기고 있으며 신분 상승 기회도 많이 생기는 실상이다. 아무리 흙수저라 할지라도 그 수저 위에 흙을 담을지 금을 담을지에 따라 가치는 달라진다. 더 이상 수저 논리를 초월해 변명의 여지 없이 자수성가하는 사람들과 시장을 만들어 나가는 사람들이 그 길을 증명하고 있다. 행동하는 사람과 안 하는 사람으로 나뉘는 시대에 성공과 실패의 차이가 왜 이렇게까지 결과가 다른지. 도대체 어디서부터 차이 나는 것인지. 그 '차이'에 대해서 말하고 싶다.

〜〜〜〜 환경에 지배당할 것인가 환경을 지배할 것인가?

'코이의 법칙(Koi's Law)'이란 환경에 따라 크기가 다르게 자라는 잉어를 두고 생겨났다. 어항에서 자란 잉어는 어항 크기대로 5~8cm밖에 자라지 못하고 연못에서 자라는 잉어는 15~25cm, 강물에서 자란 잉어는 놀랍게도 120cm까지 자랄 수 있다고 한다. 주변 환경에 따라 자신이 발휘할 수 있는 능력과 성장하는 크기가 달라지고, 그에 따라 결과 차이가 엄청나다는 뜻이다.

이처럼 주변 환경과 상황에 따라, 그리고 관계 속에서도 코이의 법칙이 적용된다. 즉 내재한 능력과 가능성이 발견되지 못한 채로 기회가 묻힐 수도 있고, 나도 몰랐던 잠재력이 분출되어 대어로 클 수도 있다. 그 잠재력은 당장 알 수 없다. 그 환경 안으로 들어가 봐야 알 수 있으며 슈퍼 행동력을 통해서만이 발견된다. 그러나 어항 속의 잉어는 어항에 구속되어 강물을 볼 수도 느낄 수도 없고, 강물로 가는 것조차 다른 세상처럼 보인다.

그렇다면 자신의 환경이 강물이 아닌 것을 그저 탓하기만 하며 강물을 바라보고만 있을 것인가. 성공하는 사람은 방법을 찾고 실패하는 사람은 핑계를 찾는다. '수적천석(水滴穿石)'이라는 말이 있다. 작은 물방울이라도 끊임없이 떨어지면 돌에 구멍도 뚫을 수 있다는데, 어항이라고 못 뚫겠나. '나와는 다른 세상이라고, 현재 상황이 어렵다고, 시간이 없다고, 힘들어서, 흙수저라서' 우리가 흔히 접하는 이 모든 말은 돈과 시간을 충분히 써보지도 않고 주변 환경을 탓하며 자신의 한계를 정해놓는 합리화에 불과하다. 따라서 강물로 가지 못하고 어항 속에 갇히는 일은 자신을 스스로 어항에 가둬두는 꼴이 된다.

더 큰 문제는 말로만 행동하면서 결과만을 바라는 욕심쟁이 심보다. 이런 마음은 빨리 버려야 한다. 그냥 얻어지는 것은 아무것도 없다. 부모님은 내 의지로 선택할 수 없을지라도, 내 인생에서 일어나는 모든 일은 그것이 긍정이든 부정이든 내가 판단하고 선택한 결과이며 모두 나의 몫이다. 남 탓을 하다 보면 주도권을 남에게 뺏기게 된다. 당장 일이 잘 풀리지 않고 문제가 해결되지 않아도 남 탓, 환경 탓을 하기보다 내 일이라 생각하며 문제에 직면해야 한다. 그렇게 끊임없이 자기 자신을 탐색하고 내 인생의 주도권을 지켜내어 스스로 타개하는 방법을 찾아야 한다. 자신의 환경이 어항이라고 굴복하지 말자.

～～～～ 행동할 수 있는 몸과 마음의 환경은 따로 있다

우리의 성별, 나이, 거주지, 소득은 제각각이다. 개인이 살아온 상황과 환경에 따라 생각하는 것도 다르다. 하지만 하루 24시간은 누구에게나 동등하게 주어진다. 이렇게 우리는 같은 시간 속에서 살아가며, 과거보다 훨씬 많은 기회를 누리고 있다.

그런데 많은 기회가 생겼음에도 불구하고, 잘나가는 사람은 불황에도 잘나가고 반면에 못 나가는 사람은 몸도 마음도 환경마저도 늘 휘청거린다. 나아가서 경제적으로 취약한 계층은 열악한 주거 환경, 불안정한 생활 등으로 안전까지 위협받는다. 건전하지 못한 환경 속에서 교육 기회조차 확보하기 어렵고 이런 환경에서는 개인의 성장과 발전에 큰 발목을 잡게 된다. 이런 문제에 직면해서 극복하는 일 또한 매우 도전적이다.

진짜 문제는 가난한 환경 외에 '배울 기회'가 없어 정신까지 가

닌힌 사고를 도무지 벗어나지 못한다는 점이다. 그들은 하루 벌어 하루 먹고살기 바빠서 당장 눈앞의 생계를 해결하느라 다른 걸 상대할 마음의 여유가 없다. 이 이상을 계획하고 꿈꾸는 일도 사치나 다름없기에 살아가는 환경 속에서 사고의 폭이 좁게 나타난다. 그럼에도 본인은 사고의 폭이 좁은지 모르고 배우려고 하지 않는다. 몸과 마음의 환경이 문제다. 심지어 가난이 범죄로 이어지며 확률이 높다는 것을 미루어 보아, 환경이 좋지 않다면 일탈할 확률이 크다는 것도 쉽게 알 수 있다.

그렇다면 환경적으로나 정신적으로나 가난한 주변 환경에 노출된 사람들은 끝까지 여유롭지 못하고 행복하지 못할까? 반대로 어지럽고 빈곤한 머릿속에서 과연 정돈된 환경이 만들어질까?

정리되지 않은 난잡한 생각은 집중하기도 힘들고 나를 행동으로 이끌지 못한다. 심리학자들의 말에 따르면 정리가 어려운 기질의 특성에는 활동 에너지가 약하거나 의존적 회피 경향 등이 자리 잡고 있다고 한다. 그리고 그 기질로 인해 가까운 관계나 주변 환경으로 정리되지 못한 자신의 심리상태가 그대로 반영된다. 가령 불필요한 물건들을 사용하지 않고 주변에 쌓아놓으며 마음을 채우는 저장 강박증이 있다든지, 배가 고프지 않은데도 이것저것 음식을 찾아 마음 대신 배를 채우는 정서적 허기를 느낀다든지, 시간 관리가 안 되어 일과조차도 정리가 안 되고 어수선한 하루를 보낸다든지 등등. 찾아보면 주변에서 많이 볼 수 있는 사례들이다. 실제로 MBC《실화탐사대》(2024.01.25. 방영)에서는 전국적으로 폭증하고 있는 쓰레기로 가득 찬 집을 다뤘다. 쓰레기 집 세입자들은 냄새를 감추려 향수를 많이 사용하고 외관적으로는 일반인과 다르지 않다고 한다. 쓰레기를 치워야 한다고 생각은 하지만 계속해서 미루다가 끝끝내 버리지 못하는 상태에 이르러 새집으로 이사 가려는 심리가 작용한다고 덧붙였다. 냄새나는 자신을 향수로 덮어버리고 미루다가 포기하는 현상들은 회피 경향이나 매한가지다.

이렇듯 잡다한 환경은 심리적인 영향을 주지만 복잡한 심리 상태 또한 그런 환경을 만들 수 있다. 살을 빼겠다고 하면서 온통 과자와 식료품으로 잔뜩 쌓아져 있으면 더 어려운 것처럼 말이다. 환경이 어지럽지 않게 정리가 되어야 산만한 머릿속도 혼란한 마음도 그리고 자기 자신도 정리가 된다. 모든 일은 이어져 있다. 결과적으로 나를, 그리고 내 일상과 주변을 들여다보면서 시간, 공간, 사람 등 정리를 통해, 내가 만들 수 있는 모든 환경을 할 수밖에 없는 상황으로 최적화해야 한다. '나'라는 존재를 움직이게 하려면 '나'를 만드는 몸과 마음의 환경을 관리하며 통제해야 한다. 정돈된 환경에서만이 행동할 수 있는 집중력과 에너지를 얻게 되고 효율적이고 생산적인 행동으로 이어진다.

언제까지 남 탓, 환경 탓만 하며 때가 될 때까지 기다리기만 할 것인가. 슈퍼 행동력으로 기회를 쟁취해야 차이 나는 인생 시스템을 설계할 수 있다. 자신의 그 '때'를 만들 때다.

슈퍼 행동력이 외부적인 요인에 끌려다니지 않게 한다

산다는 것이 호락호락하지 않고 참 쉽지 않다. 사람 마음은 왜 이렇게 내 마음 같지 않고 세상일은 어쩜 이리도 내 뜻대로 흘러가지 않는지. 뜻대로 되지 않는 세상이라지만 그러한 세상 앞에 내 뜻대로 되는 것은 오로지 '나'밖에 없다. 결국 세상일은 자기 뜻대로 된다. 이 세상에 끌려다니지 않고 주인처럼 살기 위해서는 상대의 말과 행동, 이미 벌어진 상황, 노력의 결과 등 통제 불가능한 영역보다 통제할 수 있는 나의 행동력에 집중하는 일이 훨씬 쉽다.

～～～ '홀로 서는 일', 나를 이해하기

우리는 세상에 태어나 처음 마주한 양육자나 부모와의 관계를 통해 정체성 형성을 시작한다. 아무래도 부모의 영향을 가장 많이 받을 수밖에 없다. 부모의 돌봄 아래. 자녀가 성장하면서 부모가 바라는 이상향을 본의 아니게 자식에게 투영시키는 것을 종종 볼 수 있다. 자식을 위하고 사랑하고 돌봐준다는 명분으로 부모의 꿈과 기대, 바라는 점을 자신도 모르게 자녀에게 그대로 반영한다. 자녀의 인생을 독립적으로 구분된 존재로 받아들이지 못하는 것이다. 그러나 부모의 관점에서 자녀를 키우는 목표가 '돌봄이 아닌 독립'으로 키워야 한다는 주장은 쉽게 찾아볼 수 있다. 부모가 자식에게 사랑을 주고 보호하는 일은 응당 옳은 일이지만, 아기는 세상에 태어나는 순간 독립된 개체로서, 언제까지나 품 안에 안고 키울 수는 없는 노릇이다. 자녀가 커가며 겪는 다양한 상황에서 자립을 위한 교육 과정을 거쳐야 한다. 각자의 감정을 책임지고 상황에 대처하고 문제 해결하는 방법을 자녀 스스로 경험을 통해 홀로 설 수 있게 도와야 한다. 따라서 자녀가 자기 삶의 주인이 될 수 있도록 자립할 수 있게 독립시키는 것이 부모의 진정한 역할이라고 할 수 있다.

한편으로 자녀의 관점에서는 성인이 되면 부모로부터 경제적, 정신적으로 독립하는 것이 건강한 성인으로서 홀로 설 수 있는 길이다. 그래야만 내 심리상태가 자유로울 수 있고 정신적으로도 오롯이 성숙한 어른이 될 수 있다. 만일 경제적으로 독립하지 못하면 생계를 꾸려가기 위해 부모나 가정에 의지해야 하기에 삶에 대한 주도권과 확신마저 잃는다. 뭔가에 의존성이 생기는 순간 정신적인 독립이 되기도 어렵다. 더구나 정신적으로 독립이 되지 못하면 성인이 되어도 내가 진정 원해서 행하는 일보다 부모가 원해서, 부모가 좋아해서, 부모의 그늘을 벗어나지 못한 채로 제대로 된 의사 표현이나 주장을 하지 못하고 끌려다니게 된다. 나아가서 어린 시절 부정적이거나 불안정한 기억이 남아있다면, 과거에 받았던 상처나 결핍으로부터 그 시간과 감정에 묶여 억압받게 된다. 그렇게 감정에 얽매이게 되면 부모에 대한 깊은 분노나 강한 원망을 느낄 수 있다.

이렇듯 자신이 제대로 인정, 존중, 사랑받지 못한 것에 대한 결핍감이 내면 깊이 자리 잡아 잠재의식에 투사되고 나도 모르게 사회에 그대로 투영된다. 예시로, 스스로 자신의 감정과 상황 그 자체를 온전히 받아들이지 못하니 상대도 그럴 것이라는 지레짐작하는 감정이 반영된다. 나에게 불리한 상황이 오거나 남이 콤플렉스를 건드리면 적대적으로 자기방어를 하게 된다. 악의 없이 하는 말에도 피해의식이 생겨 감정적으로 과민하게 반응한다. 그로 말미암아 '나는 왜 이럴까?' 또는 '쟤는 왜 저럴까?'와 같은 의문이 들면서 점점 나에 대한 위축과 오만이 생겨나기 시작한다.

남에게 계속해서 나의 존재를 이해시키려 하고 이해받으려 하지만, 사실 누군가에게 나를 이해시킬 필요는 없다. 나의 가치를 위해 누군가의 사랑은 필요하지 않으며 꼭 누군가가 인정해 주거나 이해해 주지 않아도 된다. 나는 그냥 나로서 온전히 내 존재 자체를 받아들이고 나 자신만이 내가 이해되면 그만이다. 남들이 아무도 알아주지 않아도 나 스스로 온전할 줄 알면 내가 나를 알아주게 되고, 자신 없는 '나'가 아닌 자신 있는 '나'가 되어 자신을 믿게 된다.

결과적으로 현재의 나를 투명하게 바라보고 있는 그대로 오롯이 받아들여야 남도 존재 자체로 받아들일 수 있게 된다. 바꿔 말하면 자신을 이해해야 남도 이해할 수 있다.

〜〜〜 '더불어 사는 일' 남을 이해하기

아무도 알아주지 않아도 스스로 온전하면 내가 나를 이해하게 된다. 그러나 이 세상에 나를 알아주고 믿어주는 한 사람만 있어도 살아진다. 그렇게 오해 없이 서로 이해함으로써 마음이 채워진다. 사람은 누구나 이해받기를 원하고 말이나 글로서 상대를 이해시키고 설득하며 살아간다. 그런즉 세상은 자신을 이해하고 이해시키는 일이 전부다. 이해받기를 원한다면 자신을 드러내고 상대의 말에 귀 기울여 들어야 한다. 설득이란 내가 원하는 방향으로 상대가 따르도록 하는 소통방식이지만 내가 모르는 것을 이해시킬 수 없다. 많이 알고 있다 해서 설득되지도 않는다. 자신을 설득하기도 어려운데 남에게 찬성을 얻기도 어렵다. 심지어 남에게 공감의 감정을 끌어내어 나를 따르게 하기란 더욱 힘든 일이다. 이런 이유로 나를 이해시키기 위해서는 상대를 먼저 이해하는 게 먼저다.

개인은 다양한 형태로 자신의 가치를 창출하며 좋든 싫든 누군가에게 영향을 주고받으며 함께 한다. 관계 속에서도 자신을 이해시키고 상대를 이해하려 대화한다. 사회적으로는 서로 부족한 부분을 채워주고 교환하며 모두가 생산자와 소비자 입장으로 살아간다. 비즈니스에서는 사회적인 요구를 파악해 고객의 소리를 듣고 생산자의 상품이나 서비스의 가치를 이해시켜 소비자를 설득함으로써 나를 그리고 나의 서비스를 찾게 만든다.

내가 가진 상품이나 서비스를 판매하려면 내가 파는 것에 대한 이해도가 있어야 상대를 이해시킬 수 있고 근본 있는 확신이 있어야 믿음을 줄 수 있다. 강의나 교육하는 일도 마찬가지다. 내가 아무리 지식이 많다 할지라도 그저 '지식 전달'만 한다면 지루한 부장님 말씀이나 다름없다. 내가 잘 아는 것과 남이 알아듣기 쉽게 잘 가르쳐주는 것도 다르다.

지식과 더불어 상대를 잘 이해시켜야 나를 찾아오고 설득력 있는 교육자로서 인정받는다. 따라서 설득력 있는 전달을 하려면 나의 분야에서도 '앎'이 선행되어야 하며 자기 자신을 모르는데 남이 나를 알아주기를 기대해서는 안 된다. 더 중요한 핵심은 상대의 말을 듣지 않고 상대의 언어를 모른다면 상대를 이해할 수 없고 자신을 이해시킬 수 없다는 점이다.

이처럼 모든 일은 자신을 이해하고 이해시키는 일에서 비롯된다. 그러나 서로 이해하고 이해시키려 하다 보면 오해가 생기기도 한다. 모르는 걸 모른다고 하지 못하는 자존심, 혹은 인정이 아닌 부정으로 인해, 또는 상황에 따라서도 오해가 더해지지만, 결국 오해를 풀어내는 것도 내가 된다. 결과로 휘둘리지 않고 삶의 주인이 되려면 나와 남을 이해하고 글이나 말을 통해 상대를 설득해야만 나 또한 이해받게 된다.

슈퍼 행동력은 나와 남, 그리고 상황과 감정, 행동 등 삶의 다양한 부분에서 '받아들이기'로부터 시작한다. 아울러 설득이란 논리·감정·신뢰 등의 조건이 필요하다. 그것은 철저히 상대의 눈높이에 맞춰져 있다. 상대의 기준에서 그리고 상황 속에서 상대가 마음의 문이 열려야 내가 원하는 방향으로 차근차근 설득된다. 그러나 자기 자신의 설득이 선행되지 않는다면 상대도 상황도 내게 유리하지 않다. 결과적으로 나를 위한 사랑과 관심이 넘쳐흐를 때 비로소 남에게 나눠줄 수 있다. 홀로 설 수 있을 때 진정으로 남과도 더불어 살 수 있는 것이다.

학연, 지연이 아닌
행동력이 답이다

　누군가는 가만히 있어도 이미 결승선에 닿아있다. 반면 학연, 지연, 혈연, 뭣도 없는 나는 죽어라 뛰어야 가능하다. 과연 학연, 지연, 혈연과 같은 인맥이 없다면 정말 성공하기 어려운 것인지, 그 인맥들만이 정답인지도 의문이 든다. 사실 인맥도 스펙이라는 말이 공공연히 나오듯이 실제로 인맥은 사회 속에 은연중 존재한다. 많은 부분에서 도움이 된다는 사실도 결코 부정할 수 없다. 돈과 백이 있고 인맥이 있다는 것은 진학, 사업, 결혼 등 인생의 모든 부분에서 중요한 역할을 하고 확실히 더 많은 기회를 창출해 낸다. 살아가면서 도움을 청할 일들이 많이 생기지만 비단 무언가 부탁하는 일이 아니더라도, 인맥이 많을수록 더 많은 정보를 얻기도 하고 멘토를 만나기도 쉽다. 인맥이 있다는 사실 하나만으로 영향력이 생기기도 한다. 심지어 상당히 영향력 있어 보이는 고위공무원이나 기업 임원 등의 인맥이 있는 범죄자들은 법 위에 군림하며 공권력을 무너트리고 법의 그물망을 교묘히 피하기까지 한다. 가끔은 아무런 돈도, 배경도, 인맥도, 힘도 없는 사람들에게 법은 누굴 위해 존재하는지, 법 앞에 돈과 권력이 앞서 평등이란 존재하지 않는 것처럼 억울하게 느껴지기도 한다. 그럼에도 인맥이 갖춰있다면 삶에 있어 충분히 이바지해도 좋겠지만, 없는 사람이 인맥으로 도움받기는 쉽지 않다.

이렇듯 그 무엇도 없는데 행동력마저 없다면 서서히 뒤처지다 조용히 사라진다. 믿는 구석도 없고 아무것도 없는데, 아무 일도 하지 않고 있다면 무엇을 믿고 있는지 의문이다. 스스로 행동해야 나를 믿을 수 있고, 나를 믿는 힘으로 다른 것도 해낼 수 있다. 결국 행동력이 답이다.

〰〰〰 '자승자강(自勝者強)' 남을 이기는 것은 자존심, 나를 이기는 것은 자부심

그 누구도 알려주지 않았다. 지극히 평범한 일상을 영위하고 유지한다는 것이 얼마나 어려운 일인지. 그냥 남들 사는 것만큼 평범하게 사는 것이 얼마나 에너지가 많이 소모되는 일인지. 학교를 떠나 사회생활을 하며 한 번씩 생각한다. 왜 이런 기본적인 것들을 학교에서 가르쳐주지 않았을까? 자산을 지키고 다루는 돈 공부나 사람이 주는 에너지와 기운을 주고받는 사람 공부 또는 삶의 주인이 되는 '나' 공부까지. 학교에서 미처 알려주지 않던, 살아가면서 한 번쯤 겪는 문제들에 대해서 말이다.

하지만 학교는 스스로 자신을 돌아보지 못하는 자아 인식과 자아 성장이 부족한 학생들에게 기회를 주기도 한다. 매일 똑같이 반복되는 규칙적인 생체 리듬에 따라 알맞은 때와 적절한 시기로 균형 잡힌 생활패턴을 만들어 주기도 하고, 개인의 지식을 확장하고 이해를 넓혀주는 것만으로 꽤 도움이 된다. 더불어 학교라는 작은 사회 속에서 사람들과 인사를 나누고 사랑과 인정을 주고받으며 크고 작은 경쟁을 하고 큰 사회를 위해 연습한다. 특히 등교와 공부라는 꾸준한 행동과 다양한 학습 과정의 학문을 통해 그 안에서 얻어지는 성실함, 인내 등 나와의 경쟁을 통한 자립심은 우리를 키워준다. 아마도 학창 시절의 배움 속에는 학교에서 얻어지지 않는 것들이나 가르쳐 주지 않는 것들도 알게 모르게 포함되어 있었을지 모른다. 다만 우리가 깨닫지 못했을 뿐이다.

결국 그 어디에서도 그 누구도 직접 알려주지 않아도 스스로 배워야 하고 깨달아야 하는 것들이 있다. 바로 우리가 살면서 겪는 모든 일은 자기 자신과의 싸움으로 귀결되며 모든 문제의 시작도 문제 해결도 나에게 달려있다는 점이다. 학교를 떠나 삶에 대응하는 공부는 온전하고 안락한 생존을 위해 필요하다. 그런

즉 나와 맞서서 나에게 시간을 투자하고 편한 영역을 벗어나 스스로 찾아가야 한다. 사회 밖에서 새로운 것을 배우고 받아들일 때도 학창 시절의 지식과 그 시절의 수준에 머무르지 않도록 몸으로 익혀야 한다. 모두에게 필요한 돈 공부, 나 공부, 사람 공부 등은 나와의 싸움을 통해 개인만의 사고에 갇혀 편견을 갖지 않도록 인생을 개선하고 변화시키는 힘까지 얻을 수 있다. 이런 까닭에 자신에 맞서서 남이 아닌 나를 정복하는 일은 문제 해결 능력, 의사소통 기술, 성숙한 표현 방법 등 매 순간 선택의 갈림길에서도 더 좋은 방향으로 행보할 수 있게 기술력을 높여주고 새로운 가능성을 열어준다.

～～～～ '인맥 대신 실력' 내가 필요한 사람이 되면 내게 온다

대부분 사람은 과정보다 결과만을 바라본다. 성공한 사람들의 과정보다 금메달리스트의 화려한 모습만 기억한다든지, 무명 시절을 딛고 마침내 빛을 발한 연예인들이 산 몇십 억대의 부동산만 기억한다. 그렇게 좋은 집, 비싼 차, 명품 등 큰 부나 명예에 따라 지위를 나누고 그에 따라 사람을 판단한다. 능력 있는 사람이 한마디만 해도 귀 기울여 맞장구쳐 주며 과하게 떠받들어 준다. 심지어 한두 번 본 것이 끝인 사람들도 친한 척 착한 척 다가간다. 이를테면 있어 보이는 사람들과 어울리려는 목적으로 자기 외모를 가꾸기도 한다. 자신도 그렇게 보이려 있는 돈 없는 돈 끌어모아 명품을 지니며 보이는 모습에 치중하는 사람들을 쉽게 찾아볼 수 있다. 인맥 관리에 상당히 의미 부여하며 꾸역꾸역 모임에 참여하고 그런 명분으로 평일이고 주말이고 술자리란 술자리는 다 참석하며 인맥에 집착하는 사람들도 있다. 능력 있는 사람에게는 무시하지 않고 주변 사람의 시선이 180도 달라진다는 이유로 옆에 붙어서 자신도 그 사람과 동일시한다.

자기 계발의 시대라며 경쟁력을 강화하는 시대에 자신이 발전하는 것도 아니고 영업사원도 아닌데 인맥 관리도 자기 계발의 한 부분으로 치는 일은 참 아이러니하다. 무시당하고 싶지 않은 마음은 자연스러운 일이지만 알고 보면 인맥 관리는 하등 보잘것없음을 느끼게 된다. 그런 이유로 능력 있는 사람한테 붙어서 콩고물을 기대하는 일보다 자신이 능력 있는 사람이 되어야 영향력이 생긴다. 대표적으로 2018아시안게임 당시 국가대표 팀 선수 명단이 발표되면서, 누구도 예상하지 못했던 황의조 선수가 발탁되자 인맥으로 뽑힌 와일드카드 선수라는 많은 비난이 가해졌다. 학연, 지연, 의리가 바탕이 된 인맥 축구라는 논란은 끊이지 않았다. 그러나 황의조 선수는 의심과 비난 속의 대회 첫 경기에서 무려 9골이나 터뜨렸다. 그렇게 결승까지 경기를 리드하고 한국의 금메달 획득에 큰 공을 세웠으며 소속팀에서도 인정받았다. 그로 인해 황의조 선수를 의심하고 비난하던 이들은 자세를 고쳐 앉고 죄송하다며 줄곧 사죄했다. 인맥을 동원해서라도 모셔 와야 했을 선수였다며 자신을 둘러싼 논란들을 모두 걷어냈다. 이러한 결과로 후일 프랑스팀으로 이적하고 국가대표 팀 승선으로 월드컵도 나간 일화가 있으며 자신의 가치를 능력으로 증명시켰다.

비단 피상적인 내용만을 다뤘지만 이에 앞서 우리가 보기에 능력 있어 보이는 사람이나 무엇이든 잘나 보이는 사람, 또는 타고나길 멋져 보이는 사람, 이른바 빛나 보이는 사람들도 보릿고개 시절이 있었다. 운동 관련 직업은 운동 공부가 필요하고 사업가는 사업 관련 공부가 필요하듯이 자신의 전문 분야를 깊게 파면 된다. 스스로 배우고 지속적인 성장을 통해 능력과 영향력을 키우면 처음에는 비웃던 사람들도 어느새 나에게 질문을 하고 오히려 방법을 물어보게 된다. 아직 때가 오지 않은 자신에게 집중해서 자신의 때를 기다리며 '자격과 실력'을 키우는 행동력이 필요하다. 그렇게 하루하루 발전하며 대체 불가한 결과로 증명한다면 자신이 거부해도 인정받는다. 결국 내 능력을 키우는 일이 인맥 관리라고 할 수 있으며 내가 필요한 사람이 되면 사람들은 내게 온다.

스펙이 좋지 않아도 인맥이 없어도 자신이 가진 능력만 발휘한다면 혼자 힘으로 아침을 맞이할 수 있다. 결코 학연, 지연, 혈연이 결과와 목표를 제한하지 않는다. 결국 가진 것도 없고 갖춘 것도 없고 힘도 능력도 아무것도 없다면 슈퍼 행동력이 답이다.

행동력이
실패를 이겨낸다

삶을 변화시키고자 한다면 행동이 중요하다는 것쯤은 모두가 안다. 그럼에도 실제로 행동으로 옮기는 사람은 드물다. 새해마다 야심 차게 계획을 세우고 늘 목표를 다짐하며 행동으로 옮기는 사람도 있으나 그것도 잠깐일 뿐, 언제나 작심삼일로 끝나버리고 미루고 미루다 끝끝내 하지 못해 마음의 부담감만 커진다. 특히 금연, 금주, 공부, 다이어트는 늘 빠지지 않는 단골 결심이지만 마음먹기만 여러 번, 어느 순간 본래 상태의 나를 발견한다. 간절하면 이뤄진다는 끌어당김의 법칙으로 시각화도 해보고 100번 쓰기를 해봐도 이내 의심한다. 결국 진심과 간절함이 잠재의식 속에 깊이 자리잡혀 있어야 하며 그것 또한 지속적인 행동이 없다면 결과도 없다. 행동력이 없는 사람에게 의지력이 너

무 없지 않냐며 혀를 내두르는 사람도 있지만 아마 행동하지 못
하는 자신이 더 답답할 것이다.

사실 우리는 살아오면서 이미 수많은 경험을 통해 의지력이
약하다는 것을 무의식적으로 알고 있다. 그렇다면 금연, 금주,
다이어트에 성공하는 사람들은 일반적인 사람들보다 독기가 있
고 강한 의지력을 가진 사람들일까? 헬스장을 끊어놓고 매일 가
는 사람과 기부 천사가 되어버리는 사람들의 차이는 과연 의지
력만의 차이일까. 무슨 이유인지 행동으로 옮기는 일이 힘들고
도대체 왜 나만 실패를 거듭하고 악순환을 되풀이하는지 이것이
비단 의지력 때문인지 생각해 봐야 한다. 나를 움직이게 하고 행
동하게 하려면 '나'를 이해하고 나의 본능적인 욕구들을 이해해
야 나의 몸과 마음을 다룰 수 있다.

〰〰〰 지속 가능한 무의식

사람은 절대 변하지 않는다고 하지만 정말 그럴까. 자신의 정
체성이 변화하거나 자신이 가진 가치관과 크게 충돌하는 일이
발생하지 않으면 사람은 변하지 않는다. 인간의 정체성이 하루
아침에 바뀌기는 어렵기에 사람은 변하지 않는다는 논리는 마땅
히 그럴만하다. 그렇다면 의지력이 강한 나의 정체성을 얻기는
힘든지, 행동으로 옮기지 못하는 것은 정말 의지력의 문제인지
따지고 봐야 한다.

깊게 들여다보면 유기적으로 연결된 우리 몸은 하나의 기계처럼 메커니즘을 통해 움직인다. 특히 뇌과학적으로 뇌의 메커니즘을 이해하고 학습 방법을 적용하면 쉽다. 우리 뇌는 어떠한 환경에 적응하게 되면 본래로 돌아가지 않고 새로 적응된 환경에서 맞춰 생존한다. 예를 들어 처음 운전할 때를 생각해 보자. 시동을 걸고 안전띠를 매는 일도 처음에는 의식적으로 확인해야 하지만, 나중에는 자연스레 시동을 걸고 벨트를 매고 있다. 도로 위에서도 균형을 잡으려 노력하지만 익숙해지고 나면 의식적인 노력 없이도 차선을 맞춰가며 운전할 수 있게 된다. 자전거를 탈 때나 언어를 습득할 때, 악기를 배울 때도 같은 원리다. 그렇게 우리 뇌는 새로 들어온 정보를 기억하고 반복 학습으로 자동화시켜 뇌에 저장한다. 그렇게 저장된 잠재의식 속에서 과거의 감정과 기억, 정보 등에 의해 무의식에 녹아 들어가 체화되고, 그것은 우리가 평소에 하는 생각이나 행동, 습관이 된다. 바꿔 말하면 처음만 반복해서 학습하고 숙달되면 의식이 개입되지 않아도 무의식적으로 행동하게 된다는 뜻이다.

반대로 의식적인 행동은 의지라는 에너지가 든다. 에너지를 아끼려는 '본능적인 욕구'로 인해 의지만으로는 행동을 지속할 수 없다. 에너지만 고갈시킬 뿐이다. 이에 따라 의지력만을 요구하는 일은 잡히지 않는 공기를 잡으려 허공에 손을 휘두르면서 자신을 지치게 만든다. 고로 무의식의 영역을 지배해야 한다.

우리 뇌는 생각보다 단순히고 반복에 익숙해서 자주 겪기나 낯익은 것에 끌린다. 의심이 들거나 낯선 것을 받아들이는데 저항이 드는 것은 자연스러운 일이다. 처음의 시행착오는 필요하겠지만 습관이 자리 잡고 나면 몸에 체화되어 의지는 필요 없다. 쉽게 말해서 몸의 근육도 반복운동을 통해 근 성장을 만들어 내듯이 뇌의 근육도 반복과 경험을 통해 우리를 성장시킨다. 의식의 반복은 무의식이 되고 무의식적으로 반복하다 보면 어느새 그 행동은 나의 정체성이 된다. 자연스럽게 일상에 녹아들어 무의식적으로 행동하고 있는 나를 발견한다. 핵심은 부담 없는 작은 행동의 반복으로 무의식적인 습관을 만들어 내는 것. 그렇게 만들어진 작은 습관은 마침내 복리로서 돌아오게 된다.

"무의식을 의식화하지 않는다면, 무의식이 삶의 방향을 결정하게 된다. 우리는 그런 것을 두고 바로 '운명'이라 부른다."

— 칼 융

〰〰〰 학습된 잠재의식

코이의 법칙과 비슷한 맥락으로 '코끼리 사슬 증후군'이 있다. 생태계 엔지니어를 담당하는 코끼리는 몸집도 거대한 만큼 아프리카에서 최강자로 군림한다. 이렇게 강력한 코끼리가 어릴 때 서커스단에 끌려가면서 조련당하게 되는데, 화려한 서커스단의 이면에는 코끼리를 길들이기 위해 아기코끼리일 때 뒷다리를 쇠사슬에 묶어놓는다. 코끼리는 자유를 위해 도망치려 몹시 애쓰고 이리저리 발버둥을 쳐보지만 결국 사슬을 끊어내지 못한다. 그렇게 벗어날 수 없는 것을 깨닫는 순간 자유를 향한 의지를 상실하고 더 이상 벗어나기를 포기하며 체념하고 만다.

아무리 안간힘을 써봐도 벗어날 수 없다는 사실에 실패를 여러 번 경험하고 좌절과 무기력함을 느끼며 성장한 코끼리는 사슬 주변의 상황이 자신의 한계라고 믿게 된다. 어른 코끼리가 되어 마음만 먹으면 쉽게 사슬을 끊어낼 수 있는 강력한 힘이 생겼음에도 벗어날 엄두조차 내지 못하는 상황이 되어버린다. 심지어 사슬을 풀어봐도 도망칠 시도조차 하지 않게 된다는 것이 코끼리 사슬 증후군이다.

이것을 학습된 무기력이라고도 한다. 자신이 무슨 짓을 해도 그 상황을 이겨낼 수 없을 거란 과거의 경험으로 현재의 행동을 제한한다. 습관적으로 좌절만 반복해 왔다면 실패와 상처의 두려움으로 자신의 한계를 한정 짓고 스스로 사슬에 가두게 된다. 이렇듯 수많은 사람도 자신이 만든 사슬에 속박되어 현실에 순응하며 자신을 묶어둔다. 사슬을 끊어내지 못하는 가장 큰 원인은 나도 모르는 사이 잠재의식 속에 형성된 '나는 못 한다'라는 잘못된 믿음 때문이다.

그에 반해 시작조차 하지 못하는 범주에는 두 사람의 유형이 더 있다. 현실에 안주하며 당장 귀찮은 건 미루고 즉흥의 즐거움을 추구하는 본능적 욕구에 충실한 사람. 반면 완벽하게 준비되면 시작하고 싶어서 미루기를 반복하는 게으른 완벽주의자들의 입장도 생각해 볼 필요가 있다. 일단 시작하라는 말보다 근본적인 원인을 파악하고 본질적인 접근이 필요하다. 특히 잘하고 싶은 높은 성취 욕구로 인해 한 번의 실수라도 용납하지 못하고 기대한 만큼의 결과가 안 나오면 수용하기 어렵다. 실수 없이 잘하려고 애쓰다 보면 시작조차 어렵다.

타인의 관계에서도 결점 있는 내 모습을 드러내기 어려워한다. 어린 시절 양육자의 기대치가 높아서 부모나 교사의 기대치에 부합하기 위해, 잘해야 한다는 마음으로 자신을 더 통제하는 이유로도 완벽주의 성향이 드러날 수 있다. 마찬가지로 기대치의 조건을 충족시켜야만 하고 뭔가를 잘해야만 된다는 학습이 잠재의식 속에 녹아들어 있는 것이다.

따라서 자신의 성향과 결핍, 잠재의식을 심도 있게 이해하고 자신을 받아들이는 것부터 시작해야 한다. 우리의 잠재의식을 좌절과 절망으로 길들이지 않게 성취와 만족 등으로 자신을 길들여야 한다. 이에 따라 긍정적인 경험들로 채워줘야 '나는 어차피 할 수 있다'라는 믿어 의심치 않는 굳건한 믿음이 생기고 용기가 생긴다. 자신에게 조건을 걸어 삶의 가능성을 스스로 차단하지 말자.

수도 없이 실패를 반복하며 고통을 수반해도 행동력 하나만 있으면 된다. 그로 인해 성장통 속에서 다시 일어날 수 있는 내면의 힘과 심리적 강인성이 생긴다. 실패했다는 것은 행동했다는 것이며 행동하는 사람만이 마침내 실패를 이겨낸다.

신체적, 정신적 건강을 잡는 행동력 파워

    대부분 사람들이 성공이라 생각하는 기준에는 돈과 명예가 있다. 성공하면 돈과 명예가 따르고 돈과 명예가 생기면 행복하다는 말은 공식처럼 따라다닌다. 꼭 부를 얻어야만 그리고 명예가 높아야만 성공했고 행복하다고 할 수 있을까? 물론 돈과 명예도 가치 있는 자산이다. 물질적인 부분이나 외관적인 모습이 스펙이 될 수는 있어도 자아실현과 존재가치에 대한 목표설정일 뿐이며 자신의 정체성이 될 수는 없다.

    도대체 행복은 어디에서 오는 것이며 잘 산다는 것은 어떤 것일까. 물질적, 외관적인 것들보다 훨씬 중요한 것이 있다. 《더 타임즈》가 선정한 지난 시대 성공의 기준으로 '남들이 부러워하는 나'가 성공이라 말하곤 했다. 지금 시대의 성공 기준으로는 '내 마음에 드는 나'로서 현재를 살고 있는 사람이 진정한 성공이라 말한다. 나다움을 진정으로 알고 현재에 제 자리를 오롯이 지킴으로서 정신 건강을 바로 잡는다면 신체 건강은 따라온다. 나아가서 정신적·신체적·사회적으로 안녕한 상태로서의 몸과 마음의 균형을 잡는다면 안온함마저 따라온다. 그렇게 현재에 감사하고 만족하는 삶을 살 수 있다. 정신적으로도 신체적으로도 스스로 온전하지 못하면서 나조차 감당하지 못한다면, 돈과 명예를 얻는다고 해서 감당할 수 있을까. 행복은 다른 곳에서 찾는 것이 아니라 내 안에서 스스로 찾아야 한다.

〰〰〰 나를 알면 오만과 위축은 없다

늘 화두가 되는 자존감이란 자기애와 다른 의미로 자아존중감을 뜻한다. '내가 최고야', '나는 너무 잘났어'처럼 자의식이 강한 마음이 아니라, 내가 부족한 부분이나 나의 존재 자체를 온전히 인정함으로써 존중하라는 뜻과 같다. 그러므로 다른 믿음이 아닌, 자신을 믿어야 한다.

자신감을 가져라. 물론 자신감을 가져야 한다고 해서 바로 자신감이 생기기는 어려울 것이다. 어떻게 해야 나의 존재 자체를 사랑하고 자신감을 가질 수 있을까?

대체로 나에 대한 자신과 확신이 없고 의심과 의문이 많이 생기는 사람들은 그만큼 나와 마주한 시간이 짧고 나와 시간을 보내본 저이 많지 않다. 우리는 잘 모르는 분야에 대해서는 자신이 없다. 같은 이유로 매사에 자신이 없는 사람들은 자신을 모르지만 안다고 착각하고 있다. 내가 나를 모르는데 누가 나를 알아줄까. 자기 자신을 사랑할 줄 모르고 인정할 줄 모르기에 상대에게도 사랑과 인정 그리고 믿음을 주지도 못 하고, 상대의 인정을 받지도 못 한다.

다시 처음으로 가서, 나는 누구인가부터 답하고 와야 한다. 이들은 사는 것이라기보다 그저 흐르는 대로 속한 환경에 따라 살아지고 있는 것이며, 나는 누구인지 어디로 가고 있는지의 물음에 대한 생각의 깊이를 키우지 못한 채 몸만 어른이 되었다. 이런 사람들의 특징은 '쟤는 나랑 달라서 그래', '지금은 불황이라 그래'와 같은 말들로 회피하거나 자신과 의견이 다르면 부정하는 걸로 받아들이고 거부감을 느낀다. 또는 문제가 생기면 문제 발생 원인과 해결 방법을 자신조차 몰라서 이미 벌어진 문제로 엄청난 스트레스를 받는다. 그렇게 감정적으로 대응하느라 냉정하게 생각하지 못한다.

남들과 있을 때도 본인 생각이나 욕구는 딱히 중요하게 생각지 않는다. 의견을 말하기보다 맞춰주는 게 더 편해서 다 괜찮다며 지나친 배려로 에너지 소비를 다 한다. 그리하고 집에 가면 의욕이 없어진다. 특히 의도치 않게 가까운 사람과 오해가 많이 생긴다. 연인 사이에서나 친구 사이에서도 자신도 모르는 사이 결핍을 채우려 하는 일도 생긴다. 스스로 믿지 못해서 발생하는 진짜 문제는 자신이 이 행동을 왜 해야 하는지에 대한 소신이 없다는 것이다. '남들이 하니까, 다들 그렇게 사니까'처럼 상황이나 타인의 말을 더 믿게 되고 의지한다.

미신이나 관상, 운명, 점, 사주 등을 보는 일도 나를 이해하고 더 나은 오늘을 살기 위한 노력의 일환일 수 있겠으나 인생을 알맹이 없는 시간으로 채우는 일은 맹목적인 믿음을 갖게 한다. 그와 반대로 좁은 시각은 편협한 논리를 주장한다. 뭐가 됐든 존재하는 그 자체로 받아들이지 못한다. 이해 범위가 넓지 못해서 상황을 받아들이지 못하거나 타인을 존중하지 못하고 핵심을 놓치게 된다. 오만방자한 안하무인의 태도로 비판과 비난을 이어간다.

그렇게 나보다 못난 사람은 무시하고 나보다 잘난 사람은 부정하면서 자존심이 상하는 건 용납하지 못한다. 자신감이 있는 건지 자존심이 센 건지 스스로 구분 못 하는 사람도 존재한다. 한 사람을 이해한다는 것은 어쩌면 시험 문제보다 더 어려울지도 모른다. 표면적인 모습을 떠나 여러 모습을 겪고 수심 깊은 바닷속처럼 내면 깊이 들여다봐야 하는데, 겉만 보고 판단하고 안다고 착각하곤 한다. 남보다 나를 낫다고 여길 필요도 하찮게 여길 필요도 없으며 '나'라는 의식은 넘쳐도 부족해도 문제가 생긴다. 내 중심과 균형을 잘 잡아야 나를 너무 채찍질하지도 않고 남들에게도 관대해질 수 있다. 남은 남이고 나는 나일 뿐이고 그저 다를 뿐이다. 따라서 남을 신경 쓸 게 아니라 나를 위한 시간을 늘려야 한다. 내 아픔과 결핍은 스스로 치유해야 하며 남을 통해서나 밖에서 찾지 않고 내 안에서 채워야 진짜 나를 찾는다. 나의 몸과 마음의 소리에 집중해서 자신과 부딪혀야 내 아픔과 결핍에도 직면할 수 있다. 그로 인해 남과 오해가 생기거나 문제 상황에 부딪히는 일이 적어진다. 나를 챙기느라 바빠지는 날들이 많아지면 순간순간의 자신이 투명하게 느껴진다. 고로 내 마음이 제 자리에 있다면 정신이 나가지 않는다. 그렇게 삶을 주체적으로 운용할 수 있게 된다.

〰〰〰 우리 몸은 시스템이다

켜켜이 쌓이는 통증들은 바로 알 수 없다. 그러나 바로 보이는 통증은 고통이 고스란히 느껴진다. 고작 손가락 하나만 다쳐도 덧나지 않을까 조심하며 온몸이 불편한데 더욱이 내 신체와 정신, 그 어느 하나 소중하지 않은 것이 없다. 정신적으로 불안정하면 몸이 신호를 보내며 신체적으로도 드러난다.

반대로 신체적 결함이나 질병으로 신체가 고통받아도 정신적으로도 고통스럽기 마련이다. 이에 따라 몸과 정신은 떼려야 뗄 수 없이 하나로 이어져 있다. 건강한 신체에 건강한 정신이 깃든다는 표현은 진리다. 그러나 한국은 38개국 중 출산율, 평균 수

면시간 꼴등, 자살률, 노인 빈곤율 1등, 행복지수와 삶 만족도 하위권을 기록하니, 어떻게 보면 살아있기를 다행이라고 해야 할까. (2021 OECD 통계로 본 한국) 현대사회에서 건강 문제는 늘 화두가 되는 중요한 영역이고 관심이 집중되지만, 아이러니하게도 우리 사회는 제일 건강하지 못한 셈이다.

몸과 마음의 건강은 행복과도 직결된다. 내 건강은 개인만의 문제가 아니라 가정의 행복에도 영향을 미친다. 따라서 내가 건강하지 못하면 나도 힘들지만 동시에 가정과 주변에 나도 모르게 피해를 줄 수도 있다. 그 사실을 하루빨리 깨닫고 건강관리를 시작해야 한다. 결국 고령화 시대로 접어들면서 언제 죽을지 모르는 100세 시대에 건강히 살려면 신체 건강과 정신 건강은 자신이 챙겨야 한다. 거기에 더해 가족과 주변에도 큰 피해가 되지 않도록 건강관리를 하자는 의미도 있다.

건강할 때는 건강의 소중함을 망각한다. 그럼에도 건강은 건강할 때 의식적으로 지켜야 한다. 신체가 건강하기 위한 조건에는 영양 균형 잡힌 식사와 넉넉한 운동, 충분한 휴식과 회복이 있다. 그러나 현대사회에서 이 3가지를 다 잡기에는 어려워 보인다. 그로 인해 에너지 섭취와 소비의 불균형은 비만으로 이어지고 인슐린 저항성 증가로 대사증후군으로 이어진다. 노화도 촉진한다. 앞서 다뤘던 뇌의 메커니즘과 같이 신경전달물질과 호르몬 작용 원리를 이해하고 방법을 적용하면 쉽다. 신경과 호르몬은 각각 독립적으로 반응하지만 때때로 상호작용을 통해 협조하며 신체 기능을 조절한다. 더불어 섭취부터 소화, 에너지를 생성하고 배출해 내는 과정까지 생화학적인 접근으로 본질을 바라보아야 한다. 우리 몸은 시스템이다. 그렇게 음식과 운동, 회복 등의 모든 관점을 대사와 연결 지어 우리 몸 안에 유기적으로 연결된 세포를 이해해야 한다.

몸과 마음은 따로 분리해서 생각하지 못한다. 균형을 찾아 하나가 되고 조화를 이룰 때 진정한 행복이 찾아온다. 정신적으로 신체적으로 아무 문제 없고 아무 걱정도 없는 지금 현재가 감사한 삶이고 진정한 행복이라고 할 수 있다.

내가 원하는 삶을 갖고 싶다면
행동력을 재설계하라!

정말 간절해서 꾸준히 행동하고 실행한다. 그럼에도 성공할 듯 말 듯 성공을 누리지 못하고 신기루처럼 눈앞에서 잡힐 듯 잡히지 않는다. 사람도 집착하면 달아나듯이 삶의 여러 영역에서 갈수록 심해져 가는 갈망은 오히려 목표로부터 멀어져가게 만든다. 다이어트가 절실해서 이 방법 저 방법 다 해봐도 잠깐 성공할 뿐, 장기적으로 유지하지 못하고 매번 요요가 찾아온다든가, 성과를 이루었다 할지라도 인정받고 싶은 마음에 끊임없이 자기 자랑을 늘어놓으면 타인의 진심 어린 인정을 받기 어렵다. 돈도 절실해서 좇으면 이상하게도 오히려 돈이 달아난다. 사랑, 권력, 재물 등은 부단히 갈망할수록 더욱 목이 마른다.

우리는 자연의 이치대로 살아간다. 겨울이 지나면 봄이 오고 밤이 지나면 아침이 오고 태어났으면 언젠가 죽는 일은 자연스러운 일이다. 마찬가지로 지속적인 에너지를 쏟으면 지치는 것 또한 자연스러운 일이다. 쉼 없이 몇 날 며칠 달릴 수 없고 충전 없이 지속할 수 없다. 나를 심하게 압박하고 제어하는 일은 억압됐던 욕구들이 나중에 크게 분출해 폭발하게 한다. 도리어 반항심을 불러일으켜 청개구리 심보로 하지 말라면 더 하고 싶은 욕구가 생긴다. 따라서 우리의 목표는 반짝 성공하고 마는 것이 아닌 적절한 조절을 통한 '지속'이어야 한다. 빠르게 얻었다가 제자리로 되돌아가는 일이 아닌, 속도는 느릴지언정 올바른 '방법과 방향'으로서 목표를 잡아야 한다.

〰〰〰 2보 전진을 위한 1보 후퇴

불현듯 좋은 생각이 떠올라 붙잡아 놓고 싶은 순간이 있다. 특히 아무 생각 없이 샤워하다 기막힌 아이디어가 떠오르기도 하고, 고된 퇴근길 지친 몸을 이끌고 가는 전철 안에서 문득 새로운 돌파구를 발견하기도 한다. 잠자리에 눈을 감고 있노라면 도무지 해결되지 않던 문제의 해결법이 생각나 다시 눈을 뜨고 끄적인다.

사과나무 아래서 휴식하던 중 중력의 법칙을 깨달은 아이작 뉴턴, 욕조에 들어가 목욕하던 중 부력의 원리를 발견한 아르키메데스, 전차를 타고 창밖을 바라보다 상대성 이론이 떠오른 아인슈타인까지. 이들의 공통점도 머리를 쓰지 않는 긴장이 풀린 상태에서 번뜩이듯이 좋은 영감을 얻었다는 점이다. 이런 이유로 신선한 생각이 떠오르지 않을 때는 시공간적으로 전환이 필요하다. 업무적으로도 심리적인 거리를 둬야 시각이 확장되어 아이디어 간의 연결이 잇따라 일어난다.

뇌 과학적인 관점으로는 '에피파니(epiphany)' 현상이 심리적으로 이완될 때 더 창의적일 수 있음을 시사한다. 뇌가 자유로이 훑어볼 수 있게 문제에 관심을 가지지 않고 관련 없는 곳으로 생각을 놔버린다. 그로 인해 그 전의 생각들이 결합되어 중요한 문제를 해결해 주는 유연한 사고를 위한 환경이 조성된다. 그러나 오늘날 우리는 점점 더 빠르고 복잡하고 경쟁적인 현실을 살아가고 있다. 효율성과 생산성을 따져가며 자신의 발전에 이바지하는 일들로 머리를 연달아 쓰고 있다. 해야 할 일들이나 걱정거리들로 긴장 상태가 계속되어 머릿속에 여유 공간이 없다. 그로 인해 잠시 내려놓거나 휴식하는 일을 포기와 실패로 여긴다. 자신을 채찍질하며 막상 휴식이 주어져도 쉬는 시간마저 잘 보내야지 하는 마음이 커져 버린다. 그렇게 쉬는 게 아니라 또 하나의 숙제가 된다. 또는 쉬고 있더라도 휴식에 대한 죄책감이 생겨 불안한 마음에 잘 쉬지 못한다. 이렇게 쉬면 뒤처진다는 생각에 자꾸 일에 대한 걱정으로 쉴 때조차 남들과 경쟁하고 있지 않는지 생각해 봐야 한다.

이처럼 달려가다 보면 주변이 안 보이고 여유가 없어질 때가 있다. 한 가지에 주의 집중하는 일은 결국 시야가 좁아져 다른 것들을 제한하게 한다. 이럴 때 우리는 휴식 부재로 인해 스트레스와 불안이 증가하고 생각이 다양하게 전개되지 못한다. 도리어 집중력과 업무 수행 능력이 저하될 수 있다. 우리는 사람인지라 지칠 때가 여러 번 찾아온다. 그때마다 체력과 감정이라는 에너지를 계속 쓰기만 하고 쉬지 않으면 탈이 나기 마련이다. 감내하고 참아내기만 하면 자신을 잃고 에너지가 방전된다. 이에 따라 내가 가진 에너지를 어디에 어떻게 쓸지 분산시켜 구분할 줄알아야 한다. 무엇이 우선순위인지 파악해서 내 상황을 객관적으로 관망하는 게 좋다. 요점은 대단한 자기 계발이 아니라도 휴식 또한 자기 상황에 맞는 자기 계발의 일종이라 볼 수 있다는 점이다. 업무 몰입도 중요한 만큼 휴식의 중요성을 간과해서는 안 된다. 숨을 고를 때는 과감히 머리를 비우고 쉬어가는 일도 작전 변경 중 하나다. 고로 우리의 목적은 더 빨리 더 많이 더 잘하는 게 아니라 더 오래 지속할 수 있는 것이라야 한다.

〜〜〜〜 '열심히' 말고 '잘'!

단거리 달리기와 마라톤은 방법도 다르고 전략도 다르다. 단거리는 짧은 시간 안에 능력치를 최대한 끌어올려 남들과 경쟁하며 목표에 매진한다. 마라톤은 내가 뒤처진 것 같기도 하고 주변 사람들이 앞서가는 것 같기도 하다. 그러나 모두 자신만의 속도에 따라 자신의 전략에 맞춰 뛰고 있다. 그렇게 경쟁보다 나와의 싸움으로 완주를 목표로 한다. 우리 목표도 계속해서 전력 질주할 수 없다. 초반에만 불타는 것이 아닌 지속적인 퍼포먼스가 나와줘야 한다. 오래 달리고 끝까지 달리기 위해서 물과 가벼운 간식 등으로 에너지를 충전하는 것처럼 스트레스, 피로도, 수면 시간 등 여러 가지 고려해야 지속할 수 있다.

나아가서 원하는 승리를 이루려면 내가 잘 달릴 수 있는 조건은 무엇이 있는지, 나는 어떤 자세로 뛰고 어떤 방법을 사용해 달릴 수 있는지 행동력을 재설계해야 한다. '열심히'는 기본이라는 전제하에 그 안에서 '쉼'과 '잘'을 구분해서 전략적으로 에너지를 분산해야 한다. 이전의 행동들이 간절했음에도 결과로 이어지지 않았다면 열심히 달릴 줄만 알고 잘 달릴 줄은 모르는 것과 같다. 달리는데 무슨 조건이며 무슨 자세가 필요하냐 해도 분명 이상적인 방법은 존재한다. 잘 달리기 위해서는 허리를 꼿꼿이 세우고 뛰기보다 상체를 살짝 숙여 추진력을 얻는다. 일정한 호흡 패턴을 유지하는 등 각자 강점을 활용해 에너지를 아끼고 효율적으로 달리는 방법이 있다. 추가로 사람의 신체가 모두 다르기에 각 체형과 특징을 고려해서 똑같이 뛸 수 없다. 비만이라면 민첩성이 떨어져 달리기에 불리하고 근육이 발달된 균형 잡힌 몸이 유리하다.

이처럼 목표물만 바라보며 내 강점과 주변 상황을 제대로 살피지 않은 것은 아닌지, 방법이 잘못됐던 것은 아닌지, 과정을 다시 살펴보며 문제점을 분석하고 파악해야 한다. 단거리는 '빨리'라는 목표가 있겠지만 반짝 도달하고 끝이 아니라면 완주가 목표인 마라톤처럼 끝까지 살아남는 길고 긴 나 자신과의 싸움이다. 이에 따라 열심히 하는 자는 목적지가 명확한 단기전에, 그리고 즐기는 자는 장기전에 강하다. 주변을 살피는 여유도 가지며 자신의 페이스대로 조급하지 않게 찬찬히 즐기며 나아가야 한다. 사실 열심보다 잘하는 게 에너지를 아낄 수 있는 일이다. 그러나 즐겨야 하는 결정적 이유는 재미가 더해져 좋아할 수 있다는 명분이 생긴다. 상대적으로 에너지가 들지 않기에 더 오래 지속할 수 있다.

때로는 손에 쥐고 있던 것을 내려놓을 줄 아는 식견도 필요하다. 조금만 더 하면 잡힐 것 같은 별천지 같은 막연한 기대는 투자했던 돈과 시간에 손해 보기 싫은 본전 심리로 더욱 욕심나기 마련이다. 지나가는 것을 붙잡아 내 것으로 만들려 하기보다 자연히 내게 올 수 있도록 해야 한다. 욕심나는 것들을 욕심부리지 않고 기다리며 담을 그릇을 키우다 보면 제 밥그릇을 찾아오게 된다. 삶의 모든 면에서 집착은 오히려 멀어지고 조급함은 상황을 객관적으로 보지 못한다. 자신을 알고 에너지를 아껴 효율적으로 지속해야 오래 간다.

정상으로 올라가고 싶지 않은가?
답은 슈퍼 행동력이다

바로 몇 년 전, '인생은 한 번뿐, 현재를 즐겨라.'라는 의미의 '욜로족'은 젊은 세대의 큰 관심을 끌었다. 최근 2030 소비시장을 이끌던 욜로족은 지나가고 '갓생러', '요노족' 등이 등장하며 '불필요한 소유물과 소비는 줄이고 꼭 필요한 소비만 한다'라는 요노문화의 분위기가 확산했다. 요노족은 빠른 변화에 따라 팬데믹 이후 새로운 라이프스타일의 트렌드로 자리 잡았다. 한때 과시형 소비를 즐겼다면 이제는 무지출 챌린지가 유행한다. 복잡한 소모품보다 실리적이고 기능적인 제품을 추구하며 삶을 간소화하고 진정으로 필요한 것만을 선호한다. 심지어 인간관계조차 가치관이 맞지 않는다면 빠르게 노력을 포기하고 에너지를 절약한다.

이런 현상들은 인플레이션의 영향으로 불안을 느낀 개인들이 경제적 부담과 정신적 피로를 줄이고자 하는 현대인의 욕구와 맞물려 대두되었다. 인플레이션의 장기화로 소비시장은 회복되지 않고 소비패턴도 계속해서 변화하고 있다. 생존에 위협을 느끼니 회사에 다녀도 장사를 해도 끊임없는 두려움과 불안에 휩싸인다. 평생직장 개념이 흐려지면서, 상대적으로 안정성이 보장된단 이유로 주목받던 공무원도 미래를 책임져 줄 수 없다. 소위 '사'자 직업이라는 의사, 변호사들도 온라인 오프라인 할 것 없이 자신과 자신의 서비스를 어필하고 있다. 기업도 전문직도 모두가 자기 PR을 하는 시대에, 그렇다면 개인은 무엇을 준비해야 할까? 그 어떤 것이든 슈퍼 행동력이 있는 자만이 정상에 도착할 수 있을 것이다.

〰〰〰 '대체 불가능한 사람', 레드오션을 블루오션으로

삶은 전쟁이다. 하지만 문제 해결을 위한 생각을 하고 지식을 키워 생존하느냐, 걱정만 하면서 말과 행동이 다르고 살아도 사는 게 아닌 것처럼 서서히 죽어가냐에 따라 생존이 결정된다. 감정과 이성이 충돌하고 본능과 현실이 부딪히고 욕망과 꿈 사이 끊임없는 내면의 갈등 속에서, 전쟁터라 생각하고 경쟁력을 높여 생존력을 길러야 한다.

이런 이유로 우리는 전쟁터에서 살아남을 무기가 필요하다.

누구나 자신이 갖고 있는 경쟁력 있는 무기가 하나쯤은 있다. 그 무기가 어디에서 어떤 방식으로 나타날지 언제 찾을지 누구에게 발견될지는 알 수 없다. 남이 알아봐 줄 수도 있겠으나 삶에 대한 책임이 필요할 때다. 무기를 찾으려는 자기성찰이 필요하며 사실은 가까이에 있을지도 모른다. 또는 아무리 잘하는 게 없을지라도 노력이라는 무기는 옆 사람보다 내가 더 잘 쓸 수 있다. 다만 무기가 있다 할지라도 나보다 잘난 사람은 어디에나 있다.

나는 언제나 대체할 수 있는 존재라는 사실을 인정해야 한다. 이제는 그 어떤 직업도 미래를 보장해 줄 수 없다. 성장이 멈춰버린 이 불황의 시기에 그 어떤 것도 블루오션일 수도 없다. 레드오션 천국인 이 시대에 어떤 차별화로 어떻게 대체 불가능한 인력이 될 것인가. 왠지 차별화라고 하니까 '무언가 특출난 게 있어야 할 것 같다' 내지는 '남보다 내가 더 특별하거나 다르다는 걸 보여줘야 할 것' 같아서 그렇게 부담감이 더해진다.

남들보다 창의력이 있다거나 새로운 것을 생각해 내는 일은 좋은 능력이다. 그러나 우리는 무에서 유를 창조해 낼 순 없다. 남들과 비교하는 경쟁이 아니라, 본능이 이끄는 곳이 아니라. 나와의 싸움으로 나만의 길을 걸어가야 한다. 어떻게 하면 조금 더 자신과 자신의 서비스를 드러낼 수 있을지 생각해야 한다. 자신의 본질을 보다 더 탄탄하게 쌓아야 할 때다. 본인의 생각과 경험, 이야기, 가치관 등 나와 관련된 모든 것은 차별화가 될 수 있다. 예시로 나의 분야가 요리라면 요리사가 된 계기는 셰프마다 다 다를 것이다. 요리사로서 어떤 경험을 했는지 어떠한 신념을 가졌는지는 모두가 다르다. 그 안에서 나만의 경험과 나만의 스토리를 찾아야 하며 분명 그 이야기들과 생각들이 도움 되는 사람들이 있다.

따라서 이제는 개인도 자신을 드러내야 한다. 자신만의 분야에서 다양한 형태로 경쟁력을 갖춰야 한다. 심지어 요즘같이 정보가 난무하는 시대에는 조금만 찾아보면 없는 정보가 없을 정도로 다 나와 있다. 하지만 우리는 그것에 대한 시간을 아끼기 위해 또 쉽게 배우기 위해 비용을 쓰기도 한다. 그렇게 사람들에게 필요한 정보를 줌으로써 불편을 해소해 주고 우리의 가치를 창출하게 된다.

또 다른 예를 들어보면, 예전에는 연필을 사용하다 틀리면 지우개로 지우며 연필을 사용했다. 그러다 연필 뒤에 지우개가 달린 연필이 나오니까 사람들은 불티나게 구매하기 시작한다. 그 뒤로 연필깎기를 쓰기 불편하거나 섬세한 필기를 원하는 사람들을 위해 샤프가 등장한다. 과연 연필이 팔릴까? 물론 연필 시장에서는 연필 마니아가 있겠지만 사람들은 샤프에 열광했다. 연필보다 비싸지만 그만한 가치가 충분하다고 생각하니까 연필보다 비싸도 팔린다.

이와 비슷하게 여러 색의 볼펜을 따로 쓸 때는 불편한지 몰랐다가 그 뒤로 4색 볼펜이 나왔다. 이제는 여러 색의 볼펜을 따로 쓰기 불편하다. 마찬가지로 볼펜을 따로 쓰는 사람들은 그 사람들만의 니즈가 있을 것이다. 그 니즈를 파악하는 것과 또 쓸 땐 모르지만 사람들의 불편함을 예리한 눈으로 바라보는 것. 그것이 바로 차별화고 블루오션이다.

평소에 남들이 잘 모르거나 불편해하는 것은 어떤 게 있는지. 사람들의 니즈는 무엇인지 보는 습관을 들여보면 아주 좋은 습관이 된다. 결국 블루오션은 불편 속에 있다. 위기 속에서 기회가 발견되듯이 불편 속에서 가치가 발견된다. 차별화는 자신의 가치에서 나온다. 중요한 핵심은 자신과 자신의 서비스를 이해하되, 막무가내로 내가 하고 싶은 것만 추구하는 게 아니라 상대를 뿌리 깊이 이해하고 고객의 소리를 듣는 것만이 경쟁력을 키울 수 있다.

〰〰〰 정상에서 만납시다

2022년 한국은 1인당 명품 소비량이 세계 1위를 차지했다. 같은 말로 남을 의식하는 일이 크다는 이야기로 들린다. 게다가 갈수록 사라지는 소아과에 비해 한국의 성형외과 수준은 날이 갈수록 발달하고 있다. 외국인 환자까지 최대로 유치해 성형을 위해 한국을 방문케 하는 일은 아이러니하다. 물론 우리는 알게 모르게 타인의 영향을 받으며 살 수밖에 없지만 지나친 의식은 과하다. 보여지는 모습에 급급하기보다 있어 보이는 것에 집중하기보다 진짜 있는 게 더 중요하지 않을까. 빈 수레는 요란한 법이며 과시는 결핍을 불러일으킬 뿐이다.

남이 건네는 말과 행동에 그리고 주변에 현혹되지 말고 자신이 추구하는 가치에 따라 자신만의 방향에 따라 걸어가야 한다. 남들이 날 어떻게 생각하나 일일이 신경 쓰고 반응하는 일보다 나의 말과 행동이 같은지 성찰해야 한다. 더욱이 남의 성공이 나의 성공을 보증하지 않는다. 나만의 성공 공식과 나만의 방법 그리고 나만의 이유와 목적을 찾아야 한다. 그것이 나만의 이유인지 학습된 이유인지도 구분되어야 한다. 그렇게 내가 바라보는 목적하는 바에 돈과 시간을 쓰고 쓸데없는 에너지를 아껴 지금 내가 생각하는 최우선 순위에 몰입한다.

그러나 사람들은 정상을 부러워하면서도 재미난 기삿거리나 유희만을 찾는다. '아직 때가 아니라서, 기회비용을 따지느라, 완벽하지 않아서' 머리로는 생산성을 따지고 최고 효율을 생각하면서 다 알고 있음에도 행동하지 않는 것은 망상과 다름없다. 어떤 사람은 나는 도전적인 성향도 아니고 목표가 다르니까 못한다고 말한다. 하지만 정말로 목표가 다를까? 내면 깊은 곳에 과연 삶을 변화시키고 싶은 일말의 욕망도 없을까? 모두가 돈에, 건강에, 관계에 끌려다니고 싶은 것은 아니지 않을까.

개인적으로, 나는 그저 겁이 없을 뿐, 도전적인 성향과 거리가 멀다. 한없이 게으르지만 주변에서는 나에게 부지런하다고들 한다. 그냥 했고 일단 하다 보니까 사람들 눈에 그렇게 보이기 시작했다. 물론 도전하고 행동하며 사는 건 피곤한 일이고 밑도 끝도 없는 외롭고 고독한 나와의 싸움이다. 하지만 너무나도 귀찮고 현실에 안주하고 싶어도 삶의 목표가 있고 간절하게 지켜내야 할 나와 가족이 있다. 슈퍼 행동력은 나를 그리고 소중한 사람들을 지켜내고 보호하는 일이다. 지긋지긋한 현실이 간절히 달라지고 싶고 정상으로 가고 싶어서 그저 행동했을 뿐인데, 이제는 넌 좋아서 하는 것 아니냐고 자신은 힘들다고 한다. 그런 사람들은 말로 행동하며 나의 행동력만을 바라본다. 내가 더 높은 정상으로 올라가게 되면 '나랑 달라서 그래'를 외치고 있을 것이다.

노력할 자신도 없으면 부러워하지도 말아야 한다. 남과 다른 것은 슈퍼 행동력일 뿐이다. 나는 정상으로 올라가고 싶은 자들과 함께하고 싶다. 우리 같이 정상에서 만나길 바란다.

처음에는 정상을 올려다보는 일이 막막할 수 있겠지만 탄력이 붙으면 가속도가 생겨 예상했던 시간보다 빠르게 달성할 수도 있다. 성공과 운, 기회의 답은 슈퍼 행동력이다.

2장

이것이
슈퍼 행동력의 힘이다

- miracle(미라클)

슈퍼 행동력이 만든
25kg의 기적 : 다이어트

헬스장에 갖다준 돈만 얼만지. 매번 작심삼일에 정말 지긋지긋했다. 남들은 나보다 덜 간절해도 성공하고 나는 너무도 간절한데 당최 왜 이렇게 어려운 건지. 황제 다이어트, 덴마크 다이어트, 원푸드, 초절식 등등, 심지어 체지방 분해 주사도 맞아보고 단식원도 가보고 토끼처럼 풀떼기만 몇 날 며칠 먹어도 모두 그때뿐이었다. 이내 다시 살이 찌거나 전보다 더 찌거나 아무것도 소용없다는 듯 늘 요요가 왔다. 게다가 다이어트 한약도 먹으면 속이 울렁거리고 입맛이 없다는데 나는 왜 입맛이 더 당기는지, 내 입맛에는 한약조차 잘 맞는 건지 참 우스웠다.

다이어트란 다이어트는 다 해봐도 계속 실패하고 다시 요요가 오고, '과연 이 수많은 다이어트에 끝이 있을까? 성공은 있을까?' 뿌리 깊은 의문이 들었다. 빼기보다 유지가 더 어렵다는 게 절실히 와닿았다. 덜 먹고 더 움직이기? 몰라서 못 하는 게 아니라고! 아주 분노가 들끓었다.

그렇게 다이어트에 휘둘리고 끌려다니던 내가 크게 힘들이지 않고 총 25kg을 감량했고, 빼고 보니 유지가 더 쉬웠다. 더불어 다시 쪄도 다시 뺄 수 있다는 확신까지 얻었다. 심지어 복근을 달고 몇 년씩 사는 일은 생각보다 어렵지 않았다. 그렇게 나는 몸과 마음을 자유자재로 더 잘 다루게 되었고 더 이상 다이어트에 끌려다니지 않는다. 괄목상대란 정말 있는 일이었다.

〜〜〜〜 불안정한 삶을 지속할 수 없듯이

이처럼 나의 20대 초반은 온통 다이어트로 가득했다. 사실 집안 내력이 찌는 체질도 아니었고 외려 마른 체형이라 나 또한 아무리 먹어도 안 찌는 줄 알았다. 그러던 중 체질이 변할 정도로 나의 정체성 변화가 한 번 있었다. 날씬한 삶에서 비만인 삶의 변화는 아주 최악이었다. 본래 비만으로 살았다면 덜 억울했을까. 아무렇지 않게 비수를 꽂는 폭언과 온갖 인신공격은 날 위해 하는 말이라며 뇌리에 박혔다. 돌이켜보면 내가 성장할 수 있었던 막강한 동력이 되기도 했다.

확실히 살쪘을 때와 찌지 않았을 때의 삶은 확연히 달랐고, 비단 나만의 경험이 아닐 것이다. 모든 에너지를 다이어트에 쏟았다. 일이 안 풀리고 괴로울 때면 모든 것이 살이 찐 게 원인이라며 다이어트와 엮었다. 지금 생각해 보면 부정적으로 대해놓고 긍정의 결과만을 바란 일이 우습다. 안 해본 다이어트 없이 할 수 있는 최선을 다해 노력했고 그만큼은 매우 간절했다.

그러나 간절했다고 생각했던 내 노력은 알고 보니 집착이었다. 방법을 몰랐고 모른 채로 단지 열심히만 했다. 몸무게와 칼로리 '숫자'만을 바라보며 '본질'은 보지 못했으니 그럴 만도 하다. 한번은 찌고 빼고 반복하는 일이 지쳐서 본질에 집중하려고 처음으로 PT를 받았다. 그 당시 피티쌤은 닭가슴살, 고구마, 야채(일명 닭고야)로 구성된 극단적인 식단을 짜주셨다. 열심히는 자신 있던 나는 또 열심히 따라갔고 3주 만에 8kg을 빼면서 그렇게 좋아지는 줄 알았으나 절대 지속 가능하지 않았다.

일상을 영위할 수 없는 식사로는 건강한 일상을 유지할 수 없었다. 다이어트에 있어 극단적인 식사는 본질이 아니었다. 운동마저도 오직 살 빼기 위해 하는 마음으로는 본질을 볼 수 없었다. 결국 나는 극한의 식사로 억눌린 욕구를 폭식과 술로 풀면서 내가 나를 통제하지 못하는 지경까지 이르렀다. 집에 틀어박혀 자극적인 음식들을 먹고 토하고 울고 절식하고. 아주 고통스럽고 괴롭던 식이 장애의 삶을 살았다. 요요로 전보다 훨씬 더 많은 지방을 얻었다. 그때는 가족들과의 한 끼 식사, 친구들과의 모임과 외식, 사회생활 해야 하는 회식 자리까지도 전부 거절하며 다이어트보다 더 소중한 가치 있는 일들은 모두 놓쳐버렸다. 그러나 우습게도 집에 가는 길에 빵을 10개씩 사고 케이크는 한 판을 사서 집에서 혼자 꾸역꾸역 입에 집어넣었다.

그렇게 나는 다이어트라는 이름에 크게 휘둘렸다. 나중에 알고 보니 다이어트의 문제가 아닌 쌓이고 억눌렸던 결핍의 문제였다. 내가 나 자신을 치유해 준 적이 없기에 다이어트 강박과 식이 장애란 이름으로 결핍이 드러났다. 이러한 실패 경험은 그 당시에 나를 좌절시키기에 충분했다. 살은 점점 불어서 최고 몸무게를 찍었고(이때는 대인기피 때문에 집 밖으로 나가지 않아서 아무도 이때의 나를 모른다. 나조차도 이때의 나를 부정하고 아무 기록조차 해놓지 않았다) 먹고 억지로 토하니 역류성 식도염과 위염도 생겨서 몸이 타들어 갈 것처럼 점점 아파져 갔다. 무엇보다 정신적으로 힘들었던 시기라 어둠 속에서 힘겨운 시간과 싸워야 했다. 불안정한 삶을 지속할 수 없듯이 지속할 수 없는 건 불안했다. 그렇게 나는 무너져 내렸다.

〰〰〰 지속 가능한 작은 약속 작은 성공 : 탈 다이어트

무너져 내린 나를 바로 세운 것은 다른 그 무엇도 아닌 행동력이었다. 너무 지친 나머지, 체계와 계획 따위도 전혀 쓸모없었고 이제는 다이어트도 필요 없었다. 무너졌던 내가 바로 서는 일이 먼저였다. 선택지가 없었기에 그저 행동할 뿐이었다. 예전에는 운동목적과 삶의 목적이 다이어트였다면 그 뒤로는 그저 운동 '한다'에 의미를 뒀다. 이제는 건강한 일상을 영위하는 게 목적이 됐다. 목표를 낮춰 재조정하고 스스로 정한 목표를 지키기 위해 체력단련실만 등록하고 할 수밖에 없는 환경을 설정했다.

우선 내 마음가짐부터 할 수 있는 환경을 조성했다.

'다 못 채워도 괜찮으니 10분을 하더라도 헬스장만 무조건 나가자'

그렇게 나와의 약속만 지켜나갔다. '매일 한다'라는 아주 작고 귀여운 약속이었음에도 날마다 내적 갈등이었고 나와의 싸움이었으나 헬스장 가는 일만 포기 하지 않았다. 실제로 10분만 하던 날이 있었어도 빠지지는 않았고 날이 지날수록 30분이 한 시간, 두 시간이 되기도 하면서 오히려 더 하게 됐다.

그 당시는 지금처럼 SNS에 정보가 흘러넘치던 시기가 아닐 때라 지식이 절실했으나 다시 PT 받을 돈은 없었다. 그럼에도 일단 가면 뭐라도 하게 되니 러닝 머신이라도 걸었다. 혼자 몸과 기구를 움직여 보면서 주변 사람들이 하는 것을 힐끔힐끔 따라 했다. 그렇게 운동을 독학했고 아주 당연하게도 트레이너 소환술을 쓰기에 충분했다. 지금이야 헬스장에 여성들이 많이 보인다 해도 10년 전에는 헬스장에 여자는 한 사람도 찾아보기 어려웠다. 혼자 젊은 여자인 나는 갈 때마다 매번 부끄러웠다. 또한 주변 아저씨들도 그렇게 하면 다친다며 달려와서 운동을 못하는 내가 창피했지만, 그런 건 아무럼 중요하지 않았다. 나랑 한 약속을 지키는 일이 최우선이었다.

　나와의 싸움은 술 친구도 다 멀리하게 되고 부끄러움도 견뎌야 하고 일상이 변화되며 외롭기도 했다(그때 친구들은 아직도 내가 술고래인 줄 안다) 그러나 아이러니하게도 예전의 외로운 느낌과 달리 뿌듯한 외로움이었으며 무소의 뿔처럼 혼자서 갔다. 목표를 재조정하고 바로잡은 환경설정의 행동력은 스스로 한 약속을 지켜낼 수 있게 해줬고 창피함을 무릅쓰게 해줬다. 몸의 변화는 당장 나타나지 않았어도 기간을 정해두지 않아서 조급하지도 않았다. 그저 나를 받아들일 수 있었다. 심지어 극단적인 건 언제 터져도 이상하지 않았고 지속할 수 없었어도 운동만은 지속 가능했다. 계속하다 보니 어제의 작은 성공이 오늘의 부담감을 덜어냈고 오늘도 성취에 도달하게 했다. 한번 하고 나니 다음은 쉬웠다. 예전에 안 되던 것들이 오늘은 되는 보람찬 뿌듯함까지 더해져 재미와 즐거움까지 얻어냈다. 매일 작은 성공으로 작은 성취를 누리며 어제보다 더 나은 오늘을 살아갔다.

　그렇게 자연스레 삶 속에 녹아들어 시나브로 변화했다. 현재에 집중하며 살다 보니 행동은 또 다른 행동의 원동력이 되어 선순환을 이뤘다. 행동력만은 나를 배신하지 않았다. 어느 정도 일상을 찾은 후에는 건강식도 만들어 먹으며 영양과 호르몬 관련해서도 공부하기 시작했다. 사람들의 식습관과 식생활 패턴도 분석하며 공부했다. 그렇게 관련 지식과 건강한 습관을 내 몸에 적용하며 총 25kg을 감량했다(사실 몸무게가 중요하지 않아서 체중계와는 멀어졌으나 나중에 재보니 25kg이 빠져 있었다) 밥, 빵, 면, 떡까지 먹고 싶은 건 다 먹으면서도 살이 빠진다는 게 신기했다. 비만일 때는 아침마다 몸무게를 쟀으나 그렇게나 바랐던 몸의 맵시가 눈으로 보이니 복근과 바디라인을 보는 눈바디 체크 루틴을 이어갔다.

건강하지 못한 몸과 마음도 어느새 멀어졌다. 매일 아침 눈뜨는 일은 괴로움에서 벗어나 건강하고 멋진 내 몸과 마음을 마주하는 설렘과 기대로 가득 찼다.

'아무리 노력해도, 그렇게 간절해도 안 되던 내 한계를 스스로 만들고 있었구나.'

집착을 내려놓고 여유를 가지니 어느새 내가 원하던 몸은 내 편이 됐다. 한편으로 허무했지만 더 이상 음식 앞에 겁먹지 않고 즐길 줄 알게 됐다. 그때부터 지금까지 과식은 종종 있어도 더 이상의 폭식은 없었다(과식과 폭식은 다르다) 이 소중한 경험은 다시 살쪄버린 나를 마주하는 일도 두렵지 않게 했다. 살을 다시 빼야 하는 상황이 온다면 호들갑이나 유난 떨지 않고 뺄 수 있게 됐다. 건강한 식습관과 운동 습관이 있다면 금방 다시 뺄 수 있다는 확신까지 얻었다.

그렇게 나는 몸과 마음이 한곳에 있는 건강한 삶을 충분히 즐

졌다. 운동하다 보면 누가 봐도 강사로 봐주기도 하고 가는 헬
스장마다 사람들은 이래도 되나 싶을 정도로 친절했다. 친구들
과 지인들은 나에게 몸을 만들 수 있는 식단이나 운동 방법을 물
어보곤 한다. 결국 핵심은 행동력이다. 행동력은 나와 내 주변을
변화시켰고, 성공은 그저 반짝 도달하는 게 아닌 지속할 수 있는
습관의 과정일 뿐이었다.

꾸준한 슈퍼 행동력으로
'인생 지하'에서 탈출하다 : 대인기피

기나긴 인생을 산 것도 아닌데 왜 내 인생은 이 모양이지? 이 거지 같은 인생에 내 편은 단 한 명도 없었다. 사연 없는 사람 있겠냐만 학창 시절의 나는 자기 연민에 취해 내가 제일 사연 많은 불쌍한 비련의 여주인공인 줄 착각했다. 세상에 덩그러니 혼자 남았다며 환경 탓, 부모님 탓으로 분노하기 바빴으며 세상이 너무도 원망스러웠고 세상 모든 불행은 내가 다 끌어당겼다. 경제적, 가정적 등의 문제들로 마음의 여유도 없었는데 정신적인 문제들이 비집고 들어왔고, 식이장애부터 시작해서 알콜 의존증, 대인기피까지 우울함의 끝을 달렸다.

눈물로 지새는 날도 처음만 그랬지 어느새 지쳐 눈물은 메마르고 '이대로 쭉 잠만 자고 싶다. 일어나지 않았으면 좋겠다.' 하

는 생각마저 들었다. 죽고 싶었지만 죽기에는 두려웠고 비참했
고 용기도 없는 겁쟁이에 감당도 안 되면서 생각의 끝을 달렸다.
여러 생각들로 멍하니 시간 가는 줄도 모른 채 잠식되어 침대로
꺼질 듯이 몇 날 며칠을 누워있었다. 말 그대로 살아있었지만 죽
어 있는 산송장 같은 인생의 밑바닥. 인생의 지하가 있다면 바로
여기 같았다.

하지만 비련의 주인공이라 생각했던 나는 지금 삶의 의미를
찾아 자유롭고도 견고한 내 삶의 주인이 됐다. 세상 앞에 무릎
꿇고 눈물로 지새운 날들을 뒤로하고 나는 나로서 중심을 잡고
쉽게 흔들리지 않는 뿌리를 내렸다. 나는 그렇게 가고자 하는 방
향으로 나의 몸과 마음을 유연하게 다루고 있다.

〰〰〰 자신을 잃어버린 시간
: 나를 부정하고 욕구에 충실했던 시간

자주 보지 못했던 어머니는 내가 고등학생이 되어서는 더 못
보게 됐다. 동생과 함께 지방으로 내려가서서 1주 또는 2주에 한
번씩 보게 되었다. 거의 혼자 생활하다 보니 생활 패턴이나 생체
리듬 같은 건 없었고 배움에 대한 중요성도 딱히 생각하지 않았
다. 자야 할 때 자고 먹어야 할 때 먹는 것이 아닌, 그야말로 자고
싶을 때 자고 먹고 싶을 때 먹는 본능적인 생활뿐이었다. 외롭고
쓸쓸했던 시간을 과자나 아이스크림 등 자극적인 배달 음식으로

밥을 때우기 일쑤였고, 욕구와 스트레스를 해소하는 방법도 몰랐다.

사실 내가 외로웠는지 불안했는지도 몰랐다. 미래를 준비해야 하는 것도 공부를 왜 해야 하는지도 몰랐고 그때는 내가 몰랐다는 것조차 몰랐다. 당장 자극적인 음식이 기분을 나아지게 해주니 본능적인 이익과 재미만 추구했다. 그 후로 불안하거나 스트레스를 받을 때면 달고 짜고 매운 자극적인 음식들을 찾았고, 자극은 자극을 불러일으켰다. 나중에 돌이켜보니 식이장애 발생의 시발점이기도 했고 결핍이기도 했다. 내 정체성에 대한 고민 없이 흘러간 시간은 의미 없는 시간의 연속이었다.

그 무렵 나는 학교도 졸업하고 이것저것 일자리를 전전해 봐도 몇 달을 못 넘기고 그만두기를 반복했다. 직장에서 의미를 찾을 수도 없었지만 그런 내가 한심했다. 작심삼일을 반복하며 무엇하나 성공해 내지 못한다는 패배 의식과 상실감에 사로잡혀 있었다. 미래에 대한 불안과 두려움 그리고 억눌려 있던 결핍까지 부정적인 감정들은 언제 터져도 이상하지 않았다.

일을 그만둔 후로 남는 건 시간뿐이라 알바 친구들, 동네 친구들과 매일 만나 술을 마셨다. 답답한 마음을 떠안고 구태여 겉으로는 괜찮은 척 불안함과 막막함을 부정하며 친구와 술기운에 나의 일상을 맡겼다. 그저 술과 친구와 환경에 의존하기 바빴다. 친구들끼리 하는 말로는 일주일에 8번은 술을 마셨고 술에 의지한 삶은 필연적으로 밤낮이 바뀌고 들쑥날쑥한 불안정한 생활로 이어졌다. 그렇게 술을 달고 몇 달을 보냈다. 마음의 여유가 없으니 내 결핍과 불안에 대해서도 내 감정과 스스로 마주하고 대화할 겨를도 없었을뿐더러, 내가 나를 모르니 나는 뭘 잘하는지 내가 뭘 좋아하는지조차 몰랐고, 나라는 '자신'이 없었다. 늘 그랬듯이 사는 것이 아니라 환경과 상황에 따라 그저 살아지고 있을 뿐이었다.

술에 의지하다 보니 살도 너무 많이 쪄버렸고 식이장애와 더불어 무너져 내린 나는 형편없는 내 모습을 부정했다. 이윽고 집에만 틀어박혀 세상 모든 부정을 한껏 끌어당긴 채로 우울의 끝자락에 있었다. 일은커녕 먹고 자고 씻는 기본적인 생활이 되지 않는 정도까지 이르러 침대에 누워서 지금이 낮인지 밤인지 모른 채 그저 흘려보냈다. 제발 평범하게만 살았으면 좋겠다는 게 작은 소망이었다.

〰〰〰 자신을 찾은 시간
: 나를 인정하고 루틴에 충실했던 시간

방황하던 지난날의 시간은 아주 느리게 흘러갔다. 그 어떤 것도 그 무엇도 의미가 없었다. 어둠 같은 지하에 갇혀 다시는 빛을 보기 힘들 줄 알았다. 문득 거울을 보게 됐을 때, 22살의 거울 속에는 내가 아닌 내가 있었다. 남 같던 낯선 내 모습을 보며 죽고 싶은 게 아니라 이렇게 살기 싫다는 생각이 들었다. 죽지 못한다면 일단 살아야겠다는 생각뿐이었다.

아무 생각 없이 다 내려놓으니 우습게도 내가 걱정했던 것들이 아무것도 아닌 것처럼 느껴졌고 폭풍 같던 마음이 한결 고요해지면서 여유가 생겼다. 나는 바닥까지 밟고 나서야 자신과 마주하게 됐다. 그때 마주했던 내 감정과 스스로와의 대화는 잠재의식 속에 깊게 박혀있던 불안과 결핍까지 닿았다. 그 무렵의 나는 내 안에서 많은 걸 보고 듣고 느끼며 뿌리 깊이 나를 이해하고 받아들이게 됐다. 스스로 나를 치유했다.

그렇게 몸만 어른이던 내가 행동력 덕분에 '자신'을 찾았다. 지하에 갇혀있는 것도 나한테 달려있었고 빛을 찾으러 일어서는 일도 나의 행동력에 달려있었다. 이전에는 흘러가는 시간 속의 방랑자였다면, 나를 알아가는 시간 여행에 오른 뒤로는 점점 길이 보이기 시작했다. 부정의 감정까지 스스로 해소하는 방법도 알게 됐으며 무엇보다 엉망진창이던 나의 감정들을 정돈하니 생각이 정리되고 말도 정리됐다. 특히나 유난히 힘든 날이 있어도 감정 일기를 써 내려가며 감정과 생각 정리를 하고 있노라면 어느새 스르르 풀렸다. 신기하게도 모든 것이 정리되면서 내가 원하는 방향대로 흘러갔고 의사소통 기술까지도 늘었다. 내 모든 것은 유기적으로 연결되어 있었고 감정이 생각으로, 생각은 행동으로, 그렇게 자연스럽게 이어졌다.

또한 산책 시간도 늘려가고 가벼운 운동도 시작하게 되면서 행동력을 통해 습관까지 만들어졌다. 이렇게 만들어진 루틴의 힘은 생각보다 강력했다. 관성대로 하루가 흘러가고 어수선한 하루가 반복됐었다면 '나'를 찾은 후로는 하루도 빠짐없이 365일 체력단련실에 가서 운동과 영양을 배웠다. 운동에 시간을 투자하며 나와의 약속을 지켰을 뿐인데 어느새 몸과 마음의 통증도 멀어져 있었다. 무엇보다 생활 패턴과 생체리듬이 만들어지면서 정리된 일상에 따라 정신까지 많이 건강해졌음을 느꼈다. 운동과 자기관리, 감정관리, 시간 관리 등 습관으로 만들어 놓은 행동력은 일상을 한층 더 튼튼하게 만들었다. 하루를 밀도 있고 빼곡하게 쓰면서 어제보다 나은 오늘을 살아갔다.

그렇게 하루를 관리하며 자기 주도적으로 쌓은 루틴들은 내가 노력하는 만큼 내가 시간과 마음을 쓰는 만큼 눈에 보였다. 무의식적으로 자연스럽게 흘러가는 루틴 있는 삶은 나에게 새로운 인생을 선물해 줬다. 기계처럼 반복적인 일상은 안정감과 동시에 나의 삶도 정돈시켰다. 나의 정체성이자 20대의 나를 표현하는 단어이기도 했다. 이에 따라 나는 누구인지 어디로 가고 있는지에 대한 생각의 깊이를 더 하며 나와 함께하는 시간을 늘려나갔다.

지나고 보니 나는 잘 살고 싶던 거였다. 형편없이 살고 싶지 않았다. 그래서 어떻게든 잘 보이려 무던히 애썼고 초라한 '나'는 부정했었다. 내가 노력했던 것들은 당장 결과로 보상받기를 바랐고, 노력이 결과로 이어지지 않았을 때는 쾌락으로 회피하며 또 부정했던 거였다. 22살의 내가 그 당시 갖지 못했던 것은 내 존재 자체를 부정했던 '자신'뿐이었다. 힘을 빼고 내가 나로서 있는 그대로 인정하고 자연스레 받아들이는 일은 내 존재 자체로 당당하게 만들었다. 자연스러움은 힘이 있다. 살아가면서 가끔 힘에 부칠 때도 시간과 노력을 나눠 쓰며 에너지 분산을 할 줄 알게 됐다. 이것은 전부 행동력이 가져다준 변화였다. 나를 온전히 있는 그대로 인정하고 건강한 습관만 있다면 언제든 다시 건강한 몸과 마음을 만들 수 있다는 단단한 믿음을 얻어냈다. 나는 확신한다. '받아들임'의 힘은 세다는 것을. 나 자신과 마주하는 자아 성찰의 시간이야말로 진정한 나를 바로 볼 수 있다는 것을. 그야말로 자력갱생이었으며 마침내 인생 전환의 출발점을 맞이했다.

생존력을 극대화한
슈퍼 행동력 : **직업적 자아실현**

지하에 갇혔던 삶은 의미도 없었고 가치도 없었다. 그저 '자신'만을 찾았을 뿐이었다. 나를 찾고 일상을 되찾으니 암흑 같은 방에서 서서히 물체들의 형상이 보이는 것과 같았다. 이제 빛을 보러 올라가야 했다.

그러나 해왔던 일이라곤 운동밖에 없었고 운동은 곧 '나'였다. 돈도 백도 갖춘 것도 없고 아무것도 없는 나한테는 선택권이 없었다. 사실 운동 강사라는 직업이 진입장벽이 낮은 것도 선입견이 있던 것도 사실이지만, '한번 해볼까?' 따위는 없었다. 쉽게 생각하지 않았고 절대 가볍게 생각하지 않았다. 적어도 나한테 있어서는 생존과 직결된 문제였다. 역시나 살아남기에는 더욱 어려웠을뿐더러 처음 시작 당시는 누가 봐도 강사 체형도 아니었다. 운동을 해도 운동 강사의 몸이 아니라는 이유로도 얕보이며, 진입장벽이 그토록 낮다는 필라테스 시장인데도 불구하고 인정받지 못할 수밖에 없었다.

그랬던 내가 이제는 9년 차 강사가 되었으며, 나의 가치와 나의 진심은 고객들과 센터 대표님들에게 닿았다. 인정받는 강사로 자리매김해서 스카우트 제의를 받고 교육 강사까지 도맡으며 몸값을 올리고 있다. 행동력은 내 존재와 밥벌이 사이에서 가치마저 드높여 줬고, 내가 필요한 사람이 되니 필요한 사람들이 나와 연결됐다. 진입장벽도 낮은 직업으로 무슨 가치를 운운하냐할 수 있겠지만 진입장벽이 높은 직업이라도 가치는 사람마다다르다. 같은 업무라도 어떤 시각으로 바라보는지 어떤 태도인지에 따라 평가는 달라진다. 내 분야에서만큼은 살아남아 고객들에게 결과로써 인정받았다. 나는 그렇게 운동 강사로서 보람과 의미를 찾고 누군가에게 필요한 사람이 되어 쓰임이 생겼다.

〰〰〰〰 목마른 자가 우물을 판다

무시당하는 설움은 왜 늘 또렷이 기억나는지.

"니가 강사를 한다고?"

비웃음의 메시지였음을 기억한다. 운동을 꾸준히 하고 있었음에도 그 당시는 능력도 실력도 없었기에 당연했고 비단 외적인 모습이 전부가 아님에도 겸허히 받아들일 수밖에 없었다. 사실 그들의 인정은 필요없었다. 나의 고객에게만 인정받으면 될 일이었다. 나는 그저 운동을 좋아한 사람이었고 내 정체성은 곧 운동이었다. 그렇게 소중하고 의미 있는 일을 찾았을 뿐이었으며 그 안에서 생존해야 했다.

하지만 이 분야에서 오래 살아남아 강사 일을 지속하는 것은 결코 쉬운 일은 아니었다. 잘 나가는 사람만 바라보며 부러워하고 싶지 않았고 나는 내가 나로서 스스로 잘난 사람이 되고 싶었다. 그렇게 빛을 보러 올라가고 싶다는 욕심이 생겼다. 그러나 아무것도 갖춘 것 없는 나를 받아주는 회사는 없을 것만 같았다. 남들에게는 누구나 쉽게 시작할 수 있는 일이라지만 나는 남달리 시작부터 쉽지 않았다. 받아주는 스튜디오를 찾아 최저임금조차 받지 못하며 일해도 그저 일하고 배울 수만 있으면 감사했다. 직업이 생긴다는 사실에, 나의 가치와 삶의 의미를 직장에서도 찾을 수 있다는 사실에 감사했으며 남몰래 눈물을 훔쳤다. 게다가 내가 좋아하는 일로 즐겁게 알려줄 수 있으니 이보다 더 살아있음을 느낄 수는 없었다.

청소부터 시작해서 잡다한 일과 상담하는 일까지 열심히 배워나갔다. 자격증을 땄음에도 실력은 턱없이 부족했다. 아무래도 필라테스 자격증은 민간 자격 발급 기관이기도 하고, 사설 협회만 우후죽순 생기는 실상으로 3달 내지는 6달로 끝나는 지도자과정에 양질의 코스는 없었다. 몇 개월 만에 한 분야의 전문가가 되기란 불가능하며, 자격증만 땄다고 결코 능력과 실력이 생기지 않았다. 이 분야로 들어와 보니 끝까지 생존하려면 여기서도 배움과 공부는 필수였고 다시 한번 나와의 싸움으로 생존력을 길러야 했다. 특히 운동선수였거나 무용을 배웠던 친구들처럼 어릴 때부터 몸을 써온 친구들과 같이 전공도 아니었던 나는 뒤처진다는 생각에 남들 할 때 하는 것은 기본이었고 남들보다 더 노력했어야 했다. 쉽게 시작할 수 있는 일이다 보니 누구나 가르칠 수는 있다. 그러나 아무나 전문가가 되는 것은 아니었으며 오래 하는 사람이 살아남는 것도 아니었다.

결국 내 고객들이 언제나 나를 찾아줘야 했다. 나는 그렇게 늘 배움에 목말라 있었다.

〜〜〜〜〜 한 우물만 파는 것은 끝났다

내 방향이 확실하다고 생각한 순간 슈퍼 행동력이 나왔다.

'내 인생의 길은 내가 만들어 나가겠다.'

결심을 곱씹으며 맡은 바 책임을 다해 가치를 인정받고 싶었다. 늦었다고 생각한 만큼 남들보다 많은 공부를 하며 커리어를 쌓아갔다. 학창 시절에 나의 단점으로 폄하되던 '왜?'를 달고 살던 습관은 내 분야와 사회생활에 있어서는 장점이 되었다. 과한 분석 경향과 깊게 파고드는 성향은 대중적이지 않을 수 있지만 더 많은 것을 보려고 관찰했고 분석했고 연구하며 노력했다. 그 무렵 나의 열정은 더할 나위 없이 진심이었다. 단지 돈을 벌기 위한 수단만 되는 것이 아닌, 그저 시간만 때우는 것이 아닌, 고객과 에너지를 공유했다. 나의 고객이 나한테 돈과 시간을 투자하는 만큼 나는 지식을 쌓는 일에 돈과 시간을 투자했다.

그렇게 나의 진심은 경험뿐만 아니라 내가 이 직업을 대하는 태도에서도 나왔다. 그 이면에는 내가 쌓아온 나에 대한 단단한 믿음과 행동력이 있었다. 그맘때 나는 하루도 빠짐없이 매일 수련하며 몸을 쓰고 논문도 읽으며 몸 공부를 늘려갔고 나의 가치를 누적시켰다. 또한 필라테스는 몸의 '움직임'이라는 큰 분야의 일환이었다. 다양한 운동을 접하는 것은 물론이고 관련 분야를 공부하며 내 몸에 체화시켰다. 추가로 공신력을 얻기 위해 조절학(필라테스)에 대한 부족한 배움을 채우기 위해 전 세계적으로 인정받는 단 하나의 유일한 국제 공인 자격증인 PMA-NCPT 자격증을 재취득했다. (그 당시 한국에서 PMA를 취득한 필라테스 강사는 약 100인 정도밖에 되지 않았다. 요즘은 PMA가 스펙의 하나가 되어 양적으로만 늘어나는 추세라 공신력은 실추되었을지도 모른다) 또한 필라테스 공부를 위해 미국을 다녀오기도 했으며 현재도 살아계신 역사적인 1세대 필라테스 마스터분들을 만나 레슨을 받기도 했다.

지식을 채우니 자신이 붙었고 자신이 생기니 확신도 생겼다. 바로 보여지는 외관적인 모습 또한 스펙이 될 수 있다는 점을 인지하고 놓치지 않았다. 스포츠 영양 코치 자격을 취득하면서 영양학과 운동 생리학의 공부를 더 했고 관련 지식으로 내 몸에 적용하며 몸의 맵시도 만들어 나갔다. 차근차근 몸매도 더 가꾸며 깔끔하고 전문적인 모습을 유지했으며 지식과 친절함은 두말할 것 없이 당연한 일이었다.

더불어 고객을 대하는 태도에서도 생존력이 결정됐다. 인사를 하고 이름을 부르는 일은 생각보다 매우 중요한데도 불구하고 중요하게 생각하지 않는 강사들이 많았다. 그 틈을 파고들어 놓치기 쉬운 그룹 수업에서도 각 고객 한 명 한 명마다 한 번 더 자료를 참고하며 친밀감 형성을 높여 피드백을 진행했다. 필라테스 용어나 어려운 해부학적인 용어를 유창하게 구현한다고 해서 있어 보인다든가 전문적으로 보인다는 것은 착각이다. 내가 잘하는 것과 강의를 잘하는 것은 또 달랐다. 상대의 속도에 따라 상대의 움직임을 볼 줄 아는 눈이 필요했다. 고객을 파악하는 데 온갖 에너지를 쏟았다. 어떻게 하면 더 쉽게 전달할지 고객 입장을 계속 생각하며 나만의 방식대로 수업을 진행했고, 그 결과 고객 만족도를 100%에서 150%까지 끌어올릴 수 있었다.

특히 개인 수업 같은 경우에는 아무래도 현대인들 특성상 통증이 있거나 몸이 불편하신 환자분들이 대부분이었다. 노화나 생활 습관 등으로 인해 일상생활에서 움직임이 불편할 수 있고 사고나 질환, 통증 등으로 움직임이 제한적이라면 삶의 질이 매우 떨어질 수밖에 없다. 나도 경험했던 것처럼 몸이 아프면 마음까지 힘든 일을 무심코 넘기지 않고 위로와 공감으로 정신적인 지지와 동시에 솔루션을 제공했다. 계속해서 고객을 관찰하고 각자의 체형은 물론 니즈와 성향까지 분석하며 달라진 모습을 수치나 사진으로 남기고 기록하며 팔로우업했다. 말 그대로 개인에게 1:1 맞춤 케어를 진행했다.

의사의 영역을 제외하고 내가 할 수 있는 모든 행동력을 동원해 다른 강사와 차별화를 두었고 그렇게 나를 찾게 함으로써 장기 고객으로 이끌었다. 그로 인해 예약 시스템인 그룹 수업은 어떤 스튜디오에 있든 3초 만에 수강 신청이 마감되고 내 수업은 예약이 힘들다는 대기자로 줄을 이었다. 1:1 개인 수업만 진행하는 한 센터에서는 프리랜서임에도 불구하고 4년이란 기간 동안 신규고객 없이도 장기적으로 일할 수 있었다. 다른 강사들처럼 신규고객이 많은 센터를 찾아다니지 않아도 나의 고객들이 재방문해줌과 동시에 본인의 지인이나 가족을 소개해 줬다. 이후에는 입소문을 통해 나를 찾아와 주신 분들 덕분에 따로 신규고객이 필요하지 않았다(추후 센터 대표님이 이를 알아봐 주시고 지도자과정 교육 강의를 제안해 주셔서 현재 진행 중이다) 따라서 압도적인 재방문과 단골 유치를 통해 나의 가치를 드러냈고, 고객들은 나의 지식뿐만 아니라 태도와 모습 등으로 나와의 신뢰를 쌓을 수 있었다. 배워갈수록 아직도 배울 것이 많고 부족함이 끝도 없지만, 직업과 자신에 대한 평가는 그 직업을 바라보는 나의 태도와 소명 의식, 사명감에 달려있었다.

이제는 자기 분야뿐 아니라 위로 올라가기 위해서는 다양한 능력이 요구된다. 행동력은 책임감과 신뢰의 중요성을 다시 한 번 일깨워주었을뿐더러 다양한 요소의 능력치를 키워주었다.

슈퍼 행동력으로
인스타그램 사업화 성공

내가 바라던 대로 운동을 만난 후로 지극히 평범하게 살아왔다. 그러다 뒤통수를 한 대 맞았다. 코로나라는 감염병과 마주하며 새로운 문제가 들이닥쳤고 전국에서 감염병 하나로 위기를 느꼈다. 나 또한 내 자아를 붙잡아 두던 루틴들과 안정적인 일상이 무너지니 한없이 불안정해졌다. '실내 체육시설 집합 금지', '피트니스 영업 중지' 등 방역 강화는 기본으로 2주 이상 휴관했고 실내 체육은 버티고 버텨봐도 직격탄을 맞아 버렸다. 나의 정체성과 같던 운동을 못 하는 것은 둘째 치고 한순간에 일 자리마저 잃게 되니 불안은 여실히 드러났다.

감염병은 언젠가 끝나더라도 이대로 있을 수만은 없었기에 또 다른 생존력을 키워야 했다. 그때부터였다. 파이프라인, 디지

털 노마드, 온라인 건물주 등 살길을 찾아다니며 여러 가지 시도를 해봤고 온라인 쇼핑몰이나 블로그 등등 할 수 있는 건 다 해봐도 결과는 폭삭 망해버렸다.

그때 나를 다시 한번 돌아보게 되면서 가고자 하는 방향을 다시 생각하고 재설정했다. "나 인플루언서 할 거야"라며 야심 차게 외치고 시작한 인스타그램. 쉽지 않았다. SNS 인플루언서도 나와 거리가 굉장히 멀었지만 그렇다고 내가 당장 할 수 있는 다른 일도 없었다. 그럼에도 성공시켜 내야만 한다는 마음 하나로 내가 믿은 거라곤 오직 나 자신과 행동력뿐이었다. 그렇게 다시 한번 생각한 대로 현실화시키겠다는 나와의 약속을 지켜나갔다. 운동을 통해 새 삶을 살았을 때처럼 한 번 더 전환점을 맞이했고 나만의 방향을 찾았다. 역시나 슈퍼 행동력은 틀리지 않았다.

〰〰〰 1일 1포스팅 : 길 잃은 방향

지금 생각해 보면 망하는 게 당연했다. 감염병이 들이닥친 그 무렵 나는 어떻게서든 부수입 창출을 해보고자 이것저것 해봤지만 내 길이 아니었다. 여유도 없던 내가 최저 비용으로 할 수 있는 거라곤 SNS밖에 없었고, 또 내가 잘할 수 있었던 것은 열심과 꾸준함. 그렇게 행동력으로 밀고 나갔다. 나와의 싸움은 성공을 가져다준다는 것을 알고 있었기에 그렇게 매일 하나씩 포스팅하기 시작했다.

한번 성공한 경험으로 이번에도 성공해 내고 만다는 자신은 있었어도 막막함은 마찬가지였다. 답답함에 일면식도 없는 인플루언서 계정에 찾아가 계정은 어떻게 키우냐며 무작정 물어봐도 돌아오는 대답은 100명 중 한 명꼴이었다. 후련한 대답도 아니었기에 '당최 누가 셀럽을 하는 건지', '이렇게 하면 되는 거 맞아?', '왜 나는 아무도 안 찾아주지?', '내가 매력이 너무 없는 건가?' 등등 의심과 불신 가득한 채로 그냥 했다.

그런 와중에 친구들과 지인들의 반응은 탐탁지 않았다. 갑자기 왜 나대냐는 듯 눈초리를 보내기도 하고, 이제 인플루언서 하는 거냐며 웃기도 했으나 그 웃음이 조롱 섞인 미소였음을 안다. 하지만 목표가 있었기에 그런 것들은 일절 중요하지 않았고 내가 가고자 하는 앞길밖에 보이지 않았다.

내 불안한 마음은 목표에 대한 절실함과 간절함으로 나타났다. 처음의 어색함과 하찮음은 웃음거리가 되기에 충분했다. 사실 그럴싸한 콘텐츠 같은 것은 없었으니 그럴 만도 하다. 나조차도 이게 맞나? 의심하면서 올렸으니까. 딱히 콘셉트나 주제를 정한 것은 아니었다. SNS를 분석하다 보니 그냥 남들이 많이 하는 거, 좋아 보이는 것들을 따라 올리며 보여지는 것에 시간을 쏟았다. 나는 팔로워에, 그리고 좋아요와 조회수에 집착했다. 그럼에도 숫자만을 바라보는 일도 쉽지는 않았다. 10만 명은 고사하고 1만 명까지 가는 것도 너무 힘들었고 내 노력만큼의 보상이 따라주지 않아서 꽤 자주 좌절했다. 서럽게 울면서도 글을 쓰고 사진을 찍으며 나와의 약속을 지켜나갔다.

매일 1일 1포스팅한지 7개월. 콘텐츠 하나가 터지기 시작하면서 감도 잡아가기 시작했다. 1천 명에서 1만 명을 달성했던 것보다 가속도가 붙으니 10만 명을 찍는 게 훨씬 더 쉬웠다. 복리는 은행에만 있는 것이 아니었다. 하지만 한번 경험이 있었으면서도 칼로리 숫자와 체중계 숫자에 집착했던 것처럼 어리석게도 또 숫자에 집착하고 있었다. 팔로워, 좋아요, 조회수를 채우는 숫자에만 집중하니 나의 계정은 횡행했고 상업적으로 비추어지기 시작했다. 분명한 것은 내가 바라던 방향 또한 아니었다.

〰〰〰 바른 성장이 빠른 성장이다

잠재의식은 나도 모르게 돈에 집착하고 있었고 돈만 좇다 보니 또 본질을 놓쳤다. 열심히 몰입했음에도 외려 돈도 사람도 멀어졌다. 내 계정을 되돌아보니 역시나 '자신'은 없었다. 비즈니스에서 중요한 기획과 전략도 빠져있었다. 그저 겉핥기식으로만 남들 하는 정도로만 하다 보니 방향을 잃었다. 점점 잃어가는 자신감 속에서도 부정의 그림자는 드리워졌다. 선택의 갈림길에 서보니 애써온 계정이 아까웠고 새로운 계정은 두려웠다.

그러나 그것이 한계라는 게 더 두려웠으며 용기의 행동력이 필요한 시점이었다. 또 한 번 느꼈다. 너무 열심히만 하는 게 내 문제였다는 것을. 이렇게 인지만 해도 마음이 한결 편해졌다. 초반에 열심히 달리다 보면 빠르게 지쳐오고 장기전에 취약하게 된다. 다시 한번 힘을 빼고 행동력을 멈추지 않았다. 돌이켜보니 바른 성장이 빠른 성장이었다. 정체기 속에 갇힌 것처럼 하루하루 눈에 띄는 발전이 보이지 않더라도 나아가고 있었다. 슬럼프가 오는 게 문제가 아니라 어떻게 관리하고 대처해서 얼마나 빠르게 회복하느냐가 더욱 귀중한 일이었다. 그렇게 시행착오를 겪어가며 나만의 스타일대로 나만의 방법을 찾아 나가 건강 관련 주제로 길을 도모하며 집중했다.

두 번째, 세 번째 계정이 더 쉬웠으며 새로운 계정은 내가 반년 넘게 걸렸던 1만 명을 한 달 만에 만들어 냈고, 조회수도 숏폼 누적 4천만 뷰 이상을 기록했다. 심지어 내가 막막함을 느낄 때 독서 습관의 행동력은 굉장했다. 책에는 이미 성공한 사람들의 깨달음과 철학이 담겨있었고 나는 그저 우물 안 개구리였다. 책 속의 전문가들이 조언도 해주고 방법도 알려줬다. 심지어 책값은 학원비나 인터넷 강의 비용보다 훨씬 저렴하게 여러 분야 전문가의 내공을 배울 수 있었다. 책은 단연코 최고의 레버리지였다. 사업, 브랜딩 관련 등 가리지 않고 닥치는 대로 책을 읽으며 영감을 얻었고 SNS 지식도 익히며 배워나갔다.

그렇게 여러 분야의 책을 통해 성공하는 사람들의 마인드를 장착하고 행동력에 적용했다. 그것들은 새로운 자극과 동기부여, 위로를 주면서 내가 겪은 그 어떤 것보다 월등히 다양한 간접 경험을 할 수 있었다. 특히 예전에는 제품을 '판매'하는 일에 집중했더니 구매 전환율은 저조했고 돈에 집착하니 돈이 도망갔다. 책에서도 시야를 넓히라는 조언은 많았으나 시야가 좁은데 어떻게 시야를 넓히란 말인가. 책에서 보기만 하는 것과 내가 직접 행동하는 것과는 별개의 문제였다. 사람의 욕심은 끝이 없고 늘 같은 실수를 반복한다고 했던가. 우습게도 이것도 근본을 놓쳤었다. 다시 소비자 입장에 서서 나의 가치를 전달하고 나를 알리며 본질을 바라봤고, 처음 가던 방향과는 달리 나를 찾아주는 찐팬의 공기를 느꼈다. 내가 왜 실패했는지 왜 성공했는지 이해를 넓혀갔다. 느리더라도 나의 때를 기다리고 준비하며 확신을 쌓아가니 한층 더 시야가 확장됐다.

배움에는 끝이 없었다. 나의 경험과 스토리, 가치는 그 자리 그대로 있었고, 잠재력을 뿜어주기만을 기다리고 있었으며 결국 사람과의 관계가 모든 일의 시작이고 끝이라는 걸 알게 됐다. 그 후로 사업자 모임도 참여하고 같은 커뮤니티 속에 속하기 위해 열심히 네트워크도 넓혀갔다. 나를 드러내니 나와 비슷한 사람이 모였고 내가 필요한 사람이 되니 필요한 사람이 내게 왔다. 그렇게 퍼스널 브랜딩으로 사업화를 성공시켰고 매출 또한 늘려갔다. LG전자, 빙그레, 락앤락, 캘리 맥주 등등 대부분 알만한 브랜드와 협업하며 수많은 협찬과 광고 제안들, 그렇게 머리부터 발끝까지 생활용품, 식품, 기타 등등 생활에 필요한 대부분을 협찬과 광고를 받으며 제2의 월급으로 생활비도 아끼고 돈도 벌며 수익화를 시켰다. 더구나 나를 비웃고 조롱하던 사람들은 어떻게 하는 것이냐며 SNS에 대한 방법을 묻고 있다. 심지어 100명 중 1명꼴로 대답해 주던 인플루언서였지만 이제는 주변인들이 인플루언서로 변화됐고 먼저 말을 걸어준다.

"나무를 보지 말고 숲을 보라"는 말이 있다. 그러나 안규호 저자의 《The Boss》에서처럼 나무에 둘러싸여 있어서는 숲을 볼 수 없었다. 행동력을 통해 숲이 있는 곳으로 올라가야만 했다. 그렇게 무기 하나 없이 행동력만을 들고 싸운 일은 고통스러워도 결국 행동력이 나의 무기가 되었다. 위기 속에 기회가 있었으며 기회를 찾아 만들어 나갔다. 내게 많은 기회가 주어진 것은 전부 행동력 덕분이었다.

무엇보다 태도와 자세다
: 연돈 부부 (백종원 골목식당)

경력이 실력과 꼭 비례하지 않는다. 공부를 잘하고 좋은 대학에 갔다고 해서 훌륭한 사람이 되지도 않는다. 그러나 노력이 필요한 일차적 기준은 대학교라는 이름으로 갈리고 학벌과 학력이 높으면 그만큼 더 좋은 기회가 있기 마련이다. 그에 따라 각자의 나이대에 맞는 공부가 있고 인생의 주기에 따라 상황에 따라 내가 해야 하는 역할이 있다. 예를 들어 내가 부모라면 자식의 사랑과 안전을 보장하는 게 부모 역할이 되고 부모로서 아이를 키워내는 데 다양한 공부가 필요하다. 학생은 학생의 공부를 하는 게 그 역할이 되고 자영업을 하는 사람들은 그 분야에 맞는 자영업 공부가 필요하다. 입사 면접이나 시험에서 학벌을 보는 것 또한 지식의 높낮이를 평가하기 위함도 있겠지만 그 역할에 맞는 태도와 자세를 갖췄는지 파악함이 더 크다. 어디를 가든 공부는 필수 불가결한 요소이며 배움을 소홀히 해서는 기본 요소조차 갖춰지지 않는다. 그것이 어떤 분야든 역할에 책임을 다하지 않았을 때 후폭풍 또한 내가 감당하고 책임질 일이 된다.

그럼에도 일을 하다 보면 일머리가 없는 사람들이 있다. 능률적인 일을 생각 못 해서 한 번 할 것을 두 번 세 번 반복하면서 시간과 에너지를 뺏긴다. 그들은 이기적인 건지 생각할 여유가 없는 건지, 무슨 이유인지는 몰라도 모르면 배우면 된다 해도 알고자 하는 태도를 갖추지도 않는다. 모를수록 패기와 열정은 넘치고 용감해진다. 알면 알수록 부족하다. 자신의 자세와 태도를 갖추는 사람만이 슈퍼 행동력의 힘을 얻는다.

〰〰〰 행동은 말보다 소리가 크다

'요식업계 대부' 요리 전문가 백종원은 잘 알려져 있듯이 영향력이 웬만한 아이돌 연예인, 정치인을 뛰어넘는다. 다양한 프로그램에서 문제를 해결해 주면서 여러 가지로 도움을 주고 있다. 그중 SBS 예능 '백종원의 골목식당'은 식당을 시작하는 사람들과 장사가 안되는 식당을 돕기 위한 취지로 제작된 프로그램이다.

사실 대부분 장사가 힘든 식당은 본질적으로 요리가 맛없거나 서비스가 불친절하거나 하는 등 다양한 문제와 원인이 존재한다. 골목식당에서도 모든 식당은 나름의 걱정과 문제를 갖고 있으며 천 개의 가게가 있다면 천 개의 상황이 있다고 말한다. 요식업 대선배 백종원이 각 매장 컨디션을 확인하기 위해 식당의 제일 기본인 주방 상태를 꼼꼼히 둘러보고, 음식 맛이 어떤지 시식해 봄으로써 평가하고 문제를 찾는다. 더불어 가게 사장들의 태도와 자세를 점검하고 자신의 지식을 전수해 준다. 프로그램을 봤으면 알 수 있겠지만 그런 식당들은 문제를 개선하거나 해결하려는 의지와 노력은 없고 핑계와 변명이 난무한다. 말만 하는 사람은 행동과 경험이 없다. 손님이 오게끔 할 생각은 안 하고 그저 하루하루 손님을 기다릴 뿐이다. 원래 그랬던 건지 방송이 나간 뒤로 변한 건지 외려 본인도 모르게 손님을 내쫓기도 한다. 안 되는 곳은 안 되는 이유가 있고 그런 마음가짐과 행동으로는 잘될 리가 없다.

반대로 운이 없어서 성공하지 못한 곳도 존재한다. 그 중 대표적인 사례가 포방터 시장 편에 출연한 수제 돈가스를 만드는 '연돈' 부부였다. 연돈은 부부가 운영하는 작은 가게였는데 남자 사장님은 요식업 경력 17년을 자랑하는 베테랑이다. 앞서 말했듯이 경력이 실력을 증명하지는 않는다. 그러나 백종원은 돈가스를 맛보고 "진짜 잘 튀겼다"라는 말을 시작으로 평가를 이어갔다. 여기는 밑반찬부터 모든 게 완벽하다. 돈가스에 대한 가치관을 흔들 정도로 맛있다면서 우리나라 돈가스의 끝판왕이라는 백종원의 보기 드문 극찬이었다. 그는 이 돈가스면 돈을 더 받아도 된다며 "이 집은 주방에 들어가지 않겠다. 내가 할 건 메뉴판 정리 정도만 도와드리면 될 것 같다"라는 평가로 돈가스 사장님의 요리에 대한 열정과 실력을 인정했다. 재료는 최상급으로 품질을 우선시하며 가격은 저렴하게 유지하니 인정받을 수밖에 없었다. 그렇게 처음부터 끝까지 칭찬 세례로 끝이 났다. 결과로 백 대표의 솔루션은 21가지 메뉴를 전부 정리하고 돈가스 전문으로 단 3가지 메뉴로만 가자는 것이었는데, 연돈 사장님은 피, 땀, 눈물이 들어간 21개 메뉴를 바로 3개로 줄일 수 있을지 두렵다며 겸손한 태도로 어필했다. 백 대표는 그런 연돈 사장님을 알아보고 자신을 믿으라며 공중까지 써준다고 말하며 본인과 사장님을 믿어 의심치 않았다. 그대로 진행했을 때 매출이 줄거나 망한다면 손해배상까지 한다며 실력도 마인드도 인정했다. 연돈 부부는 인정받기까지 오랜 기다림이었겠지만, 분명한 건 꾸준한 행동력에서 기인한 일로 골목식당 중 역대급으로 성공한 가게가될 수 있었다.

〰〰〰 준비된 사람만이 기회를 잡는다

백종원은 충분히 준비되지 않는다면 자영업을 하지 말라고 말한다. 대부분 자영업을 쉽게 보고 도전하지만, 뼈를 깎는 노력이 없다면 성공도 없다는 것. 방송에서 솔루션을 받는 것은 그저 손쉬운 결과보다 경험자로서 과정을 함께하는 '기회'인데 골목식당에 나온 가게들은 방송만 나가면 성공하는 걸로 착각한다. 도리어 방송에 나와서 흥망성쇠가 갈리기까지 얼마 걸리지도 않는다. 지식을 무료로 나누며 도움을 준다는 일이 쉽게 오는 기회도 아닌데 배움의 자세가 안 되어 있는 사람들이 너무 많다. "내 몸이 고단하면 남이 즐겁다."라는 연돈 사장님의 장사철학은 요즘같이 자기밖에 모르는 세상에서 모든 자영업자뿐만 아니라 우리네 인생에서도 필요한 마인드다. 연돈이야말로 충분히 준비된 자영업의 모습으로써 평소 자세와 태도로 운때를 기다리다가 기회를 얻어냈다고 할 수 있지 않을까. 게다가 홀서빙을 담당하는 여자 사장님은 오는 손님들 족족 다 기억하며 손님마다 개개인 맞춤 서비스를 진행한다. 방송 후 3개의 메뉴로 다시 찾아간 연돈은 크리에이터와 연예인들의 성지가 되었고 상향곡선을 그렸다.

그러나 희망도 잠시. 포방터의 낙수 효과를 기대했지만 뜻하지 않게 소음은 늘어만 가고 말도 안 되는 대기 줄이 생겨버렸다. 기다리던 손님들로 인해 주변 상인들은 시끄럽다고 민원까지 제기되던 상황에서 사장님은 욕을 먹고 멱살까지 잡혔다. 사실 손님도 사장님도 주민이나 주변 상인들도 누구의 잘못도 없지만, 사장님들은 포방터에서 이러지도 저러지도 못하는 진퇴양난에 빠져버렸다.

방송을 보고 여러 지역에서 월세도 빼주고 다 도와준다며 이

사 권유를 받았음에도 어차피 그 지역의 손님들도 피해가 가는 건 마찬가지일 테니 행동으로 옮기지 않았다. 연돈 부부는 돈가스를 먹으려고 초등학생이 대기하며 텐트 치고 침낭에 들어가 길에 누워있는 걸 보고는 손님들에게까지 피해 주고 싶지 않다고 생각한다. 기다리던 손님들까지 욕먹는 것을 보고 이제는 그만해야겠다고 생각한다. 그도 그럴 것이 방송 후 부부는 보답을 목표로 장사해 왔다. 많은 손님이 찾아주는 걸 보고 돈을 지금 벌면 안 될 것 같다며, 지금은 받은 사랑을 손님에게 보답해야 할 시기라며 부부끼리 뜻을 다져왔다.

대개 방송을 타거나 기회를 잡고 나면 화장실 들어갈 때와 나올 때가 다른 것처럼 행동하는데 연돈 부부는 달랐다. 일관적인 겸손한 태도로 우리를 보러 오시는 게 아니라 백 대표님과 골목식당을 좋아해서 오시는 분들에게 자신들이 더 잘해야 한다며 더욱 좋은 재료를 쓰면서 음식을 계속해서 향상해 왔다. 그런 사장님들의 태도에 백 대표는 한 번 더 기회를 주기로 한다. 그렇게 그는 연돈 가게에 투자한다는 명목하에 제주도로 가게를 옮겨주고 집까지 해결해 주었다. 그 인연으로 백 대표와 연돈 부부는 가게를 프렌차이즈화 해서 매장도 늘리고 도시락도 출시하며 승승장구하고 있다. 심지어 방송이 나간 지 5년이 더 됐음에도 아직까지도 맛집의 위상을 지키고 있다. 연후 골목식당 다른 편의 돈가스 가게 사장이 '육즙이 나와서 빵가루가 젖는다'라는 고

충을 털어놨다. 백종원도 그와 관련해서 왜 축축해지는지 알 수 없다며 연돈 사장에게 전화를 건다. 이에 연돈 사장님은 튀김이 눅눅해졌다는 이야기를 듣자마자 "튀김기 온도 설정이 안 맞아서 그럴 거다. 온도가 너무 높으니 낮춰야 한다"라는 조언을 해준다. 튀김기의 브랜드를 확인한 후 그는 162~164도로 맞춰야 한다며 1도 단위까지 구체적으로 말하는 것을 보고 모두를 놀라게 했다.

과연 연돈 부부가 방송을 타고 유명세를 얻었을까? 가장 근본적인 실력은 물론. 자기 분야에 대한 끊임없는 노력과 늘 같은 초심, 감사할 줄 아는 마음과 낮출 줄 아는 겸손함, 손님에 대한 진정성 등의 행동력으로 기회를 맞을 충분한 준비가 있었기에 명성을 얻기에도 충분했다.

사실 모두 아는 내용일지라도 행동으로 옮기기가 힘들다. 결국 마인드의 차이가 태도와 행동으로 연결되었고 행동력이 기회와 결과를 만들어 냈다. 모든 일은 이어져 있다. 더 좋은 기회를 얻고자 한다면 무엇보다 태도와 자세가 먼저다.

취향의 시대,
취향은 직업이 된다 : 김은숙 작가

　트렌드는 돈이 된다. 한 번쯤 들어본 말이지 않을까. 예전에는 경기 변동에 따라 생산활동이 기민하게 반응해서 발 빠르게 움직이지 않으면 뒤처졌다. 하지만 트렌드가 달라졌다. 이제는 취향의 시대다. 아무리 100만 유튜버라 해도 관심 분야가 아니면 누군지 모른다. 경기가 안 좋은 게 아니라 경기가 변화하고 있다.

　이전에는 부와 명예에 따라 보기 좋은 직업을 선택했다. 의사, 변호사가 되고 대기업에 들어가려고 애썼다. 이제는 각 개인의 개성과 자율성을 존중하고 취향을 중시하는 문화가 확산하면서 패러다임이 변화하고 있다. 아직 안정적이고 존엄성을 지켜주는 직업을 선호할지라도 사회에서 성공하는 길은 훨씬 더 다양해졌다. 반드시 직장에 들어가지 않아도 전문직, 사업, 예술이나 방송 등 다양한 분야에서 흥한다. 그로 인해 다양한 소비자의 취향 그 자체가 소비 트렌드이며 취향을 사고파는 시대가 되었다. 사람들은 상품이나 서비스를 보고 구매하기보다 이제는 파는 사람이나 회사를 보고 구매하는 경우 충성도가 높다. 변함없이 통용되는 것은 시장이 무엇을 원하는지 사회가 어떤 쪽으로 변화하고 있는지 알고 있어야 한다는 점이다. 그것은 세상이 필요로 하는 방향이어야 하며, 파악하고 분석하는 일이 된다. 그러나 어떤 직업이든 사명감이 없다면 남에게 피해를 줄 수도 있고 책임감이 없다면 지속하지 못한다. 그로 인해 자신의 가치를 드러내고 나의 취향에 사명과 책임을 얹게 되면 감춰져 있던 진정한 힘이 드러난다. 결국 나의 취향은 직업과 연결된다.

〰〰〰 꿈 : 미래를 만드는 첫걸음

'믿고 보는 배우', 탁월한 연기력으로 나오기만 하면 기대감이 증폭된다. 그 배우만 보고도 영화를 보러 가기도 한다. 마찬가지로 드라마만 내놓으면 주연배우 못지않게 흥행 가도를 달리는 '믿고 보는 작가'도 있다. 드라마가 대박이 나려면 배우들뿐만 아니라 자연스러운 스토리 전개와 대사 흐름, 여운이 남는 마무리까지 한 작품을 책임지는 작가의 역량도 결정적이다. 〈파리의 연인〉, 〈시크릿 가든〉, 〈신사의 품격〉, 〈상속자들〉, 〈태양의 후예), 〈도깨비〉, 최근 히트 친 〈더 글로리〉와 〈눈물의 여왕〉까지. 이외에도 더 있지만, 이 중 하나라도 모르는 사람이 있을까 싶은 화려한 작품들이다. 쓰는 드라마마다 고공행진을 이어가며 안방 극장을 장악한 스타 작가 김은숙.

그녀에게도 굶주린 시절이 있었는데…, 어린 시절의 그녀에게 독서는 사치였다. 줄곧 궁핍한 생활을 전전하며 책 한 권조차 사 읽지 못했다고 한다. 밖에 비가 내리면 천장에서 빗물이 새서 밥상에 떨어지곤 했다고…. 그런 그녀는 어려서부터 가난한 일상을 일기장에 쓰기 싫어 동시로 일기를 대신했다. 당시 그녀의 선생님은 그녀가 쓴 동시에 칭찬을 아끼지 않았다. 그녀는 그 칭찬과 격려 덕분에 작가가 되기로 결심하면서 중·고등학교 때는 교내 백일장을 휩쓸 만큼 타고난 실력을 자랑했다.

고등학교 졸업 후 아무래도 현실의 벽은 높았고 가난은 꿈을 막았다. 여전히 어려운 형편으로 대학 진학을 포기하고 가족들의 생계를 위해 바로 직업전선에 뛰어들어야 했다. 그렇게 작은 가구 회사에 취업했고, 7년간 경리로 일하면서도 직장 근처 도서관에서 책을 빌려보며 자연스레 책과 가까워졌다. 그녀에게 책은 현실로부터 도피하는 방법이었으나 《토지》, 《아리랑》 등을 비롯해 오정희 작가와 신경숙 작가의 책을 모두 섭렵할 정도로 소설을 좋아했다.

그 무렵 그녀는 신경숙 작가가 서울예대 문창과를 나온 것을 알게 되면서 더 큰 꿈을 키웠고 경리로 모은 2천만 원을 가지고 부모님 몰래 상경한다. 동경하던 신경숙 작가 같은 소설가가 되고 싶다는 마음 하나로 25살에 서울예대 문창과에 입학해 늦깎이 신입생이 되었다. 그녀는 인생 처음으로 자신의 꿈을 좇게 된 그때가 가장 행복한 시절이라고 한다. 아마도 자신이 바라던 삶을 살면서 오롯이 나로서 존재할 수 있었기에 마음이 충만하지 않았을까. 어찌 됐든 작가의 꿈을 향한 도전은 순탄치만은 않았다. 졸업은 했지만 막막했고 수입도 변변치 않으니 반지하 단칸방에서 도시 빈민으로 살았다. 새우깡 한 봉지로 3일을 버틴 적도 있다고 한다. 이대로 집으로 돌아갈 수 없다는 일념 하나로 대학로에서 희곡을 쓰며 작가 생활을 이어가던 중, 그녀에게 제안이 하나 들어오는데. 그것은 인생의 기회였다.

~~~~~ 하늘은 스스로 돕는 자를 돕는다

현재 정상을 주름잡고 있는 그녀. 우연히 주어진 일생일대의 기회를 놓치지 않고 성공으로 탈바꿈한다. 데뷔 이래로, 흥행에 실패한 적이 단 한 번도 없는 로맨스 드라마의 대가로 대중들의 마음을 울린다.

그녀는 자신의 성공 비결을 3가지로 함축했다. 첫 번째, '완벽한 파트너', 두 번째, 방송사에서 기획안을 찾고 있었던 '운 좋은 타이밍', 세 번째, 수많은 습작으로 준비하고 훈련하고 재능을 갈

고닭이 '갖춰놓은 실력'까지. 그녀는 완벽한 파트너와 타이밍이라고 말하지만, 세 번째의 핵심적인 행동력이 없었다면 기회를 얻을 수 있었을까? 김은숙 작가는 성공하기 전까지의 기간들을 고된 학습의 시간으로 채우고 준비해 왔다. 다시 돌아가 그녀의 과거를 되짚어 보면, 대학을 졸업한 뒤 신춘문예에 도전했지만 2년간 수차례 낙방하게 된다.

생활고에 시달리며 꿈을 포기하고 낙향해야 하나 고민할 때쯤, 드라마 제작 피디를 하던 지인이 "언니, 드라마 한번 써보는 게 어때?"라며 드라마 집필을 권유하게 된다. 그녀의 첫 마디는 "돈 많이 줘?"였다고…. 얼마나 극심한 생활고에 시달렸는지 돈 걱정이 앞서던 그녀에게 돈 걱정은 하지 말고 일단 한번 써보자며 김은숙 작가를 알아봐 줬다. 번외로 그녀를 설득한 그 피디는 현재 제작사 화앤담픽쳐스 윤하림 대표라고 하는데, 윤 대표의 안목과 타이밍도 한몫했다고 볼 수 있다. 윤 대표는 대학로에서 우연히 그녀가 집필한 연극을 보고 그녀의 재능에 감탄했고, 연극이 끝난 후 그녀의 연락처를 어렵게 받아내서 인연을 이어갈 수 있었다.

그렇게 집필 제안을 받고 하룻밤 만에 강은정 작가와 함께 A4 80페이지 분량의 기획안을 쓴다. 이것이 완벽한 파트너 아닐까? 월급 70만 원을 받고 드라마를 쓰기 시작한 김은숙 작가. 그 당시 70만 원은 그녀에게 아주 큰 돈이었다. 몇 달 지나지 않아 대학 동기인 강은정 작가와 함께 기거하며 공동 집필하게 된다. 최민수, 최명길 주연의 드라마로 이름을 알리기 시작하는데, 〈태양의 남쪽〉은 그녀의 데뷔작이며 신인 작가로서는 꽤 괜찮은 성적을 받고 성공적으로 발돋움했다. 그 후 2004년, 〈파리의 연인〉을 시작으로 최고 시청률 57.6%라는 초대박을 터뜨리며 스타 작가로 입지를 다져나갔다.

업계에 따르면 월 70만 원을 벌던 김은숙 작가는 〈파리의 연인〉 이후 원고료가 회당 3,000만 원 선까지 올랐다고 한다. 이후 2016년 또 한 번 대박을 터뜨린 〈도깨비〉의 경우 회당 8,000만 원 안팎의 원고료를 받은 것으로 알려져 있다. 덧붙여 그녀는 개인적인 철칙이 있다고 한다. "드라마는 예술이 아니라 한 시간짜리 엔터테인먼트이기 때문에 남의 돈으로 예술을 하면 안 된다고 생각해 신데렐라 드라마를 쓴다"라고 말한다. 스텝과 제작사는 물론, 배우들과 단역 또한 모두가 먹고 살 수 있도록 해야 한다고. 그래서 단역이라도 프로필에 적을 수 있도록 기억에 남는 대사를 주려고 노력한다. 그 누구에게도 시간 낭비하는 드라마를 써서는 절대 안 된다는 게 그녀의 철칙이다. 개인적인 생각이지만 실력은 차치하고 같이 일했던 사람들과의 인연을 소중히 여기듯 직원들과 동료들, 그리고 보는 시청자들까지 상대가 원하는 바를 잘 파악해 좋은 작품이 나오지 않았나 싶다.

세상에 드라마 작가는 많아도 모두가 최고일 수 없다. 그런 그녀가 최고가 될 수 있었던 비결은 분명히 있다. 그녀의 준비된 행동력은 물론, 자신이 좋아하는 취향에 책임과 사명까지 더해져 최고의 자리를 지켜내고 있다. 대중이 무엇을 좋아하고 어디에 열광하는지 잘 알고 있다는 근거가 되기도 한다. '믿고 보는 작가'라는 타이틀에 걸맞게 행동력이 보여준 인생 역전 성공 신화로 기량을 과시하며 업계에 정평이 나 있다. 이 정도면 김은숙 작가가 살아있는 드라마라고 해도 무방하지 않을까?

"인생은 마법 같은 순간이 옵니다. 그때 준비된 사람은 자기 인생을 마법으로 바꿀 수 있는 것 같아요. 역경의 순간을 그냥 버티지 말고 훈련으로 가득 채우세요"

— 김은숙

한계에 정면 돌파하라
: 엔조이 커플 (손민수)

살다 보면 아무리 해도 나아가지 못하고 머물러 있는 듯한 시간과 마주할 때가 있다. 그럴 때 세상을 등지는 일이 탈출구라 여기기도 하지만 그것마저 감당이 되지 않는다. 실망스럽고 좌절하고 절망적인 순간들이 쌓인다 해도 삶은 계속된다. 어차피 살아야 할거라면 아주 지독하게 이겨보겠노라 다짐하며 '한계가 있다면 내가 반드시 뚫어주겠어.'라는 다짐으로 분노했고, 오기가 생겼다. 하지만 한계란 있었고 안될 일은 노력해도 안 됐다.

한계를 느낀다는 것은 열심히 했다는 뜻이기도 했다. 바꿔 말하면 최선을 다해봐야, 끝까지 해봐야 한계를 알 수 있다. 최선이었으나 달성하지 못한다면 내 능력 밖의 일이므로 결국 내가 부족한 사람이 된다. 나는 '열심히'라는 꼬리표에 갇혀있었다. 늘 마지막 에너지까지 쥐어 짜내 열심히 하다 보니 당장 눈앞의 이득만 생각했고, 앞만 보고 달려가다 보니 가장 중요한 '본질'을 놓쳤다. 소크라테스의 "너 자신을 알라"는 최고의 명언이다. 자신을 알아야 나의 그릇도 넓혀갈 수 있었다. 아마도 한계는 내가 정하고 있지 않았을까. 내가 가지고 있는 한계를 보려면 한계를 스스로 결정짓지 말아야 한다. 길은 내 안에 있다. 더불어 한계와 마주했을 때 받아들이는 것도 겪어가는 과정 중 하나였다. 결국 한계는 자신의 그릇을 키우는 일이 되며 결과가 말해줄 것이다.

〰〰〰 '위기를 기회로', 핑계를 넘어야 한계를 넘는다

오늘날, 유튜버(크리에이터)는 하나의 직업으로 자리 잡았다. 창의성을 기반으로 영상을 제작하고 유튜브 채널을 통해 자신만의 콘텐츠를 소개한다. 그에 따라 유명해질 수 있는 기회를 얻고 막대한 수익을 받기도 한다. 그러나 반드시 수익을 창출하는 것은 아니다. 특히 활동 초기에는 더 두드러진다. 무명 연예인과 비슷하다고 보면 되려나. 투자하는 시간에 비례해 수익과 보상이 없는 기간을 반드시 거쳐야만 한다.

그렇게 수익도 보상도 아무것도 없고 무명 시절의 설움만이 있던 '엔조이커플'의 손민수와 임라라는 현재 유튜브 1세대를 대표하며 인기를 얻고 있다. 손민수는 2014년 '코미디 빅리그'로,

임라라는 2015년 '웃찾사'로 데뷔한 개그맨이지만 개그맨으로서 입지를 다지지는 못했다. 유튜버로 성공하기까지의 과정은 순탄하지만은 않았으나 그들은 기회를 찾아 행동했다. 그중 손민수는 그가 말하길, 굉장히 겁도 많고 눈물도 많고 상처도 잘 받는다고 하지만, 그럼에도 지치지 않고 항상 도전해 왔다고 한다. 그런 그의 꿈은 어릴 적부터 개그맨이었고 첫 번째 도전은 개그맨 시험이었다. 사실 그 꿈 앞에서도 할까 말까, 내가 잘할 수 있나 없나, 도전해야 하나 말아야 하나 수없이 고민했다. 대학 전공도 다른 곳으로 가고 군대까지 제대한 후에야 더 이상 미루면 안 되겠다고 생각하면서 미루고 미루다 도전하기로 마음먹는다. 마음먹기까지도 어려웠는데 도전의 골짜기는 더욱 굴곡졌다. 그는 개그맨 시험을 위해 서울로 상경해야 했으나 서울의 벽은 높았고 눈을 낮추고 일산으로 가게 된다. 거기서 가장 저렴하고 인기 없는 14만 원짜리 고시원을 잡았는데, 그 방은 창문도 화장실도 없었고 곰팡이랑 바퀴벌레가 반겨줄 뿐이었다.

그 초라한 방에서 남몰래 눈물을 훔치며 성공해야겠다. 잘돼야겠다. 굳센 다짐을 하며 다른 생각 하지 않고 시험 준비에 모든 에너지를 쏟았다. 그 단칸방에서 얼마나 자신과 싸우며 치열했을지, 그리고 얼마나 서러움으로 가득 찼을지, 말하지 않아도 결과로 나타났다. 그렇게 개그맨 시험에서 9번을 떨어지게 된다. 마지막 도전이라고 생각했던 10번째 시험 끝에 겨우 붙게 되는데, 기회의 한계에 마주하며 위축될 수밖에 없었다.

하늘도 무심한지, 텔레비전에서 보던 유명한 선배들과 동료가 되면서 아이디어도 짜고 회의도 하고 열심히 노력했으나, 기회라는 게 모든 사람한테 쉽게 찾아오지 않았다. 그는 그렇게 방송을 2년이나 쉬게 됐다. 그때 다시 한번 내면의 목소리가 들렸고 내가 여기서 살아남을 수 있을까, 잘할 수 있을까, 유튜브를 한번 해볼까 선택의 기로에 섰을 때 들려오는 주변의 소리가 있었다.

"지금 하는 것도 안 되는데 그거 한다고 잘할 것 같아?"

"안 되는 데는 다 이유가 있어."

"장담하는데 너 같은 애들은 절대 안 돼"

속상하고 아팠음에도 내면의 소리에 집중하기로 마음을 잡았지만, 어디 삶이 쉽게 바뀌던가? 역시나 변함없이 삶은 여전했다. 그가 힘든 시절을 보내던 와중 임라라 또한 힘들기는 마찬가지였다.

〰〰〰 끊임없이 갈망하고 한 번만 더 시도하라

초보운전 시절을 기억해 보면, 운전하다 뒤에서 누가 '빵'하는 소리에 눈치 보며 괜히 겁먹어 본적, 누구나 있지 않을까. 나 때문인가? 내가 잘못 한 건가? 그는 초보운전 시절처럼 24시간 내내 심장이 뛰면서 공황장애에 시달렸고 자존감은 계속해서 낮아졌다. 아침이 오는 게 무서웠다. 오늘은 과연 또 어떤 게 나를 힘들게 할까, 길 걷다가 모르는 사람이 한숨을 쉬어도 나 때문인가, 편의점에서 물을 사도 점원의 표정이 안 좋으면 내가 뭘 잘못했지, 나 때문인가 싶었다. 무명 개그맨 생활도 길어지며 빚도 많이 쌓였고 최악의 상황에서 한계를 만나게 된다. 이제는 선택권이 없었다. 주변의 소리보다 일상을 먼저 영위해야 했고 아무것도 하지 않으면 아무것도 달라지지 않는다. 그렇게 둘은 등 떠밀리듯 유튜브를 도전하게 된다. 몇 년간 짜놓은 아이디어와 촬영편집을 배워서 밤새 쉬지 않고 영상을 만들어 올리며 열심히 달렸다. 두 번째 도전으로 8개월 만에 들어온 첫 수입은 8만 원. 시급으로 따지면 17원이었다. 이게 맞나? 그만둬야 하는 거 아닌가? 의문이 생겼지만 결국 할 수 있는 거라곤 지속해서 행동하는 것밖에 없었다.

그러던 중 엔조이커플을 전 세계적으로 많은 사람에게 알리게 된 효자 영상이 생겼다. 조회수가 1,000만 뷰를 넘기며 영상 하나로 큰 인기를 끌었다. 그렇게 입소문을 크게 탔고 가속도가 붙어 수많은 구독자를 얻게 되면서 기존에 올려놨던 영상들까지 순식간에 퍼지게 됐다. 시행착오를 겪으며 노하우를 보완하고 적용한 행동력의 결과였다.

그러나 열심히 달리기만 하다 보니 둘은 정신적, 신체적으로 건강을 잃었다. 왜 이렇게 나약할까. 또 한 번 한계와 마주하며 내면의 소리가 들려왔다. 그 무렵 '가짜사나이'라는 프로그램의 지원자를 받고 있었는데, '한계를 극복하는 정신력'이라는 취지로 UDT 출신의 교관들과 특수부대의 강도 높은 훈련을 경험하는 프로그램이다. 위기는 기회와 함께 찾아왔고 그렇게 그의 세 번째 도전이었다. '이거라면 나를 발전시킬 수 있겠다!' 생각하며 지원했으나 사실 두려웠고 무서웠다. 많은 사람의 응원도 받았지만 반면에 한계를 규정짓는 소리도 있었다.

'여기는 다 운동 좀 하신 분들이 지원하는데 너는 절대 안 돼'

'딱 봐도 정신력도 약하고 체력도 안 좋아 보이는데 여기 올 게 아니라 병원에 가야 돼'

벌써 세 번째 들려오는 '절대 안 돼'였지만 이전과는 달랐다. 그는 절대 안 될 것 같은 한계를 이미 두 번이나 극복했기에 버텨낼 수 있었다. 그 당시 비운동인들 중에서 가장 늦게 남아 한계를 극복하는 모습으로 많은 시청자에게 응원과 박수를 받았다. 특히 절박한 상황에서 구토까지 하면서도 끝까지 포기하지 않겠다는 그의 오열하는 모습과 의지력은 시청자들의 마음을 울렸다. 분량도 많이 없었으나 간절함은 티비를 뚫고 나왔고 그의 진정성은 많은 대중에게 용기를 주기에 충분했다. '그는 여기서 일등을 해야지. 영웅이 돼야지.'라는 생각으로 버티지 않았다고, 그저 '10초만 더''한 걸음만 더' 그렇게 한발 한발 자신과의 싸움으로 버텨냈다.

후일 그는 '세바시' 강연에서 사소한 도전들이 모여서 결국 큰 결과가 만들어진다며 대중들을 격려했다. 도전이 실패로 끝나는 경우는 수차례 있겠지만 실패에 마침표를 찍지 말고 쉼표를 찍고 다시 도전하라고 전했다. 현재 두 사람은 과거의 짠 내 나는 한계를 극복하고 꾸준한 구독자의 호응과 입소문 끝에 국내 커플 유튜브 순위 1위 반열에 올랐다. 해당 채널은 유쾌한 도전으로 유머를 가미해 웃음과 정을 주고 있다. 틱톡과 유튜브 등 SNS 플랫폼 도합 600만 명의 팔로우를 보유 중이다. 과거와 비교해 100배 넘는 수익을 올렸다고 언급했으며 한 달 수입이 외제 차 한 대값에 이른다고 전해 인생 역전 드라마를 썼다는 찬사를 받았다.

그들은 아무것도 갖춘 것 없이 그저 행동력으로 한계에 정면 돌파했다. 비록 행동력 하나, 그뿐이었다.《인생의 절반쯤 왔을 때 논어를 읽다》서 갈파하듯, 길은 내 안에 있다. 그릇의 한계를 깨면 나는 무한히 확장된다. 그릇의 한계를 넘어설 때 비로소 깨달음과 통찰이 찾아온다.

돈 말고 '신뢰'에
목숨 걸어라 : 고명환

최근 스타트업 생태계는 그 어느 때보다도 치열하다. 매일 같이 수많은 스타트업이 생기지만 사실상 대부분 폐업 수순을 밟는다. 스타트업의 성공과 실패 사이에서도 분명한 건 바로 '전략의 차이'다. 전략은 장기적인 성장과 발전을 위한 지침서 역할을 한다. 도전하는 행동은 누구에게나 필요하고 열심과 꾸준히도 중요하지만, 열심히만 한다고 모두가 성공하지 않는다. 행동 자체가 목적이자 결과로 나타나는 운동이나 독서 등의 자기 계발과 달리, 비즈니스는 행동 자체가 결과로 이어지지 않을 수 있기 때문이다. 가치를 아무리 열심히 채워봤자 방향과 방법이 잘못되면 막다른 벽에 막힌다. 아무런 전략도 없이 무턱대고 행동만 하는 건 무모한 일이 될 수 있다. 특히 비즈니스는 생존 싸움이기에 더욱 그렇다.

비즈니스 세계에서 기획과 전략은 선택이 아닌 필수다. 심지어 대학 면접을 보더라도 전략이 필요하다. 그러나 모두가 경제활동과 비즈니스에서 전략은 차치하고 수익을 더 많이 내는 일에만 매몰되어 있다. 밑 빠진 독에 물 붓기처럼 전략의 부재와 전략의 덫에서 헤어나오지 못한다. 김찬호 작가는 《돈의 인문학》에서 경제의 본질은 돈이 아니라 가치라고 말한다. 화폐의 진정한 가치는 신뢰를 기반으로 두기에 신뢰를 잃는 순간 가치도 돈도 같이 잃게 된다. 신뢰가 곧 전략이고 자산이다.

～～～ 돈만 보고 살면 돈의 노예가 된다

"당장 1초 후에 죽을 수도 있습니다. 길어야 이틀이니 얼른 정리하고 유언하세요"

2005년 고명환은 15톤 트럭에 깔리는 교통사고를 당해 뼈가 100개 이상 부러졌다. 심지어 심장 출혈, 뇌출혈을 진단받고 시한부 판정까지 받았다. 그야말로 살아있는 게 기적 아니던가. 그의 인생은 둘로 나뉜다. 교통사고를 당하기 전과 후. 엄밀히 말하면 책을 1,000권을 읽고 뒤바뀌었다고 해야 하나. 그의 수많은 도전과 사고를 당하기 전과 후의 기적과도 같은 이야기를 알아보자.

고명환은 개그맨으로 많이 알려졌지만, 개그맨, 영화배우, 텔

린드, 요식업 CEO, 베스트셀러 저자까지, N잡러의 시대에 맞게 직업도 여러 개나 있는 걸 보면 참 열심히도 살았다. 추가로 4번의 사업도 병행해 왔으나 아무런 준비 없이 무작정 사업에 뛰어든 탓에, 4차례의 실패와 함께 4억 원의 빚을 안게 됐다고 한다.

그의 첫 번째 사업은 감자탕 식당. 신뢰할 수 있는 동업자와 말이 나오자마자 추진력 있게 바로 차려 버렸다. 추진력은 좋았으나 신중하지 못했다. 그야말로 다짜고짜 쉽게 시작한 사업이었다. 앞서 언급한 '골목식당'에서 백종원 대표가 '이런 준비도 없이 어떻게 창업하냐, 당연히 망한다'라며 늘 거듭하던 말은 고명환을 향해서 한 말과 다름없었다. 백 대표 말대로 당연히 망했다.

두 번째 사업은 실내 포장마차였다. 모든 테이블에 가서 접대하며 하루에 7병씩 소주를 마셨다. 술을 마셔야 손님이 오는 시스템을 만들었으니 아무래도 매일 술을 달고 살 수밖에. 술과 가까이하니 술이 그가 된 건지 그가 술이 된 건지 알 수 없었다. 술을 먹지 않으면 가게가 안됐기에 결국 건강을 앗아가기 전에 접었다.

세 번째 사업은 골프 연습하러 자주 가던 연습장 1층에 있던 식당이었다. 아는 사람이다 보니 계약 진행도 수월했다. 1년 계약인데 계속한다고 하면 아는 사이니까 10년, 20년 연장해 드린다고. 특약사항에 적었어야 했는데 몰랐으니 놓칠 수밖에 없었다. 계약이 수월했던 게 아니라 계약서의 중요성을 모르고 계약을 쉽게 봤다. 1년 후, 계약을 진행한 사람도 부득이한 사정과 상황이 생겨서 계약 연장이 안 됐고 그는 1년 만에 그대로 쫓겨났다. 사실 쫓겨난 게 아니라 계약대로 진행됐다고 해야 맞다.

그 후 네 번째 도전은 닭가슴살 사업이었다. 디자인부터 패키지, 사이트, 이름까지 전부 다 만들었는데 도중에 개그맨 후배인 허경환의 허닭이 나왔다. 먼저 준비하고 있었지만 누가 알아주나. 허닭이 먼저 알려졌으니 남이 보기엔 그저 카피라고 생각할 터였다. 이름도 바꾸고 생각하고 신경 써야 할 것들이 많았다. 미리 시작했을 때 시장조사를 조금이라도 했다면 피할 수 있던 사건이었다. 그때부터 전의를 상실했다. 사업을 4번이나 했지만 4번의 공통점은 준비가 안 됐다는 것. 돈 벌려고 시작했으나 오히려 빚이 생겼다는 것. 돈을 따라가다 보니 돈의 노예가 돼 버렸다. 그저 자신의 감만 믿고 뛰어들었으니 사실 아주 당연한 결과였다.

〰〰〰 책 속에 답이 있다

죽기 직전, 삶이 주마등처럼 스쳐 지나간다. 중환자실에 일주일 있는 동안 인생을 되돌아보며 돈에 관련된 생각은 단 1초도 하지 않았다. 돈 많이 벌어 행복한 미래를 꿈꾸며 치열하게 살아왔으나 무슨 소용이던가. 상 받은 일이나 재산 등 소위 사람들이 잘 살았다고 생각하는 부분은 하나도 생각나지 않았다. 오히려 재수할 때 8월부터 11월까지의 4개월 동안 10분씩 쪼개지며 공부하던 의지력. 생각을 한 게 아니라 뇌에서 자연스럽게 떠올려졌다. 죽음을 앞두고 어디서 나타났는지 모를 4개월간의 기억이 반복해서 보여졌다. 그로부터 그는 끝내 삶을 붙잡고 기적처럼 살아났다.

정신을 차리고 보니 궁금해졌다. 죽기 직전에 왜 그 기억이 났을까? 왜 돈이나 명예 같은 것들이 하나도 생각나지 않고 그 4개월만 생각났을까? 34년 동안 유일하고도 순수하게 100% 자신을 위해 살았던 시간은 단 4달뿐이었다. 4달을 제외하면 나머지는 휩쓸리며 살아왔다. 특히 무턱대고 사업을 벌이며 돈에 끌려다니지 않았는가. 병실에서 50권의 책을 읽으며 자신과 마주한다.

'언제가 죽음의 순간을 맞이했을 때 자신의 삶을 조금 더 풍성하게 보여주면 좋겠다. 자본주의 사회에서 돈에 끌려다니지 않게 살아야겠다. 건강을 회복한 후 하고 싶은 것을 치열하게 해보자.'

그때부터 그는 책이 시키는 대로 하기로 굳게 다짐했다. 자신의 지식과 직감, 즉 에고를 싹 빼고 책이 하라는 대로 해야겠다고 결심한다. 그러나 뭐부터 해야 할지 몰랐다. 할 줄 아는 것을 모두 적어 보면서 자신이 한 일에 대해 한 번이라도 감동 받은 적 있는 일을 찾았다. 그는 글쓰기와 음식으로 돈을 벌 수 있다는 확신과 자신을 가졌고 퇴원하자마자 글을 쓰기 시작했다. 그러나 책을 쓴다는 일도 무언가 결과나 업적이 있어야 한다고 생각했다. 그렇게 그는 책을 쓰기 위해 다시 한번 식당을 차리게 된다. 이 식당이 망해도 망한 이야기를 소재로 보상받을 수 있다는 자신감이 있었다.

이후 그는 책 몇 권을 뽑았고 그 중《손자병법》을 읽고 그대로 대입해 보기로 한다. 돈 많이 버는 것은 둘째 치고 본질적인 질문과 철학을 생각했고 트렌드를 분석하고 자료를 조사하며 공부했다. 그 당시 트렌드는 온난화, 고령화, 인구감소 등이 있었고 요식업을 하는 데 온난화까지 생각해야 하나 했으나 의심은 거두고 대입해 본다. 여름이 점점 길어지고 있으니 이왕이면 겨울에 먹는 뜨거운 음식보다는 차가운 음식이 확률이 높겠다. 노인들이 많아지니 노인들이 좋아하는 것, 노인들이 많다는 건 건강에 대한 욕구가 늘어날 것, 고작 1~2년만 운영할 게 아니라 오래할 것을 찾다 보니 탄생한 식당이 메밀국수 집이었다. 그 무렵 6개월간 전국 메밀국숫집 100여 곳을 찾아다니며 맛을 연구했다.

또한 건축 관련 책으로 입지 조건을 따져보고 상권조사도 했다. 가게와 인접한 길에 차량이 어떤 속도로 다니는지, 사람들이 걷는 속도가 어느 정도고 사람이 얼마나 다니는가에 따라서 들어가야 할 가게가 다르다는 것. 대입해 보는 게 재밌었다. 가만히 앉아 있어서는 모를 일이었다. 이전과는 다르게 준비를 철저히 했으나 이런 모든 준비가 특별한 게 아니라 장사의 기본 중에 아주 기본이었다. 책을 안 읽었으면 몰랐을 것들이었다. 책에서 시키는 대로 하니 사업 첫날부터 잘됐다. 바로 책의 힘이었다. 마케팅도 책으로 배웠다. 누구나 다 하는 것 말고 내가 줄 수 있는, 나만 할 수 있는 능력을 찾아서 무료 강의를 여니까 한 번에 40명 가까이 지원했고 메밀국수 식당에서 열정적으로 진행했다. 더불어 폭리를 취하지 않고 눈앞의 이익이 아닌 본질과 가치에 신경 쓰기로 하면서 신뢰를 기반으로 운영했다.

그렇게 책을 통해 쌓은 지식들로 신뢰의 중요성도 깨닫고 하나씩 적용하며 승률을 높였다. 《손자병법》에서 말한 '이겨놓고 싸워라'와 같은 구조가 만들어졌다. 그렇게 자신만의 비법을 완성하면서 그의 성공은 모두가 힘들었던 코로나19 상황에서 더한 빛을 발했다.

그의 메밀국숫집은 여전히 잘 되고 있다. 매장 한 곳당 1년 매출이 10억 아래로 내려간 적이 한 번도 없다고 밝혔으며 공장을 차려 육수, 소스 생산으로 사업을 확장 중이다. 심지어 출간하는 책마다 성공 신화를 쓰며 최근 출간한 《고전이 답했다》는 베스트셀러 1위를 달리고 있다. 그의 '이익'이라는 개념은 '고객의 신뢰도'라고 한다. 받은 것보다 더 많이 주려는 태도를 항상 견지해야만 사업이나 인생에서 장기적인 성공을 거둘 수 있게 된다고 덧붙였다.

작은 거짓말이 또 다른 거짓말을 부르면서 나비 효과를 일으키듯, 긍정적인 측면에서도 똑같다. 한 명에게 신뢰를 얻게 되면 그 한 명의 나비 효과로 열 명이 된다. 이런 이유로 신뢰의 중요성을 가볍게 여겨서는 안 된다. 따라서 생각과 행동은 일치해야 하며 나의 일관된 마음가짐과 태도에서 비롯된다. 덧붙여 신뢰는 하루아침에 얻지 못한다. "믿어주세요" 한다고 믿지 못한다. 신뢰에 요행이란 없으며 실력은 신뢰를 구성하는 하나의 요소일 뿐이다. 어떤 사람이, 어느 회사가 진가인지는 얼마 가지 않아 곧 드러난다.

3장

정신건강
: 감정관리

감정 다루기
: 감정적 자기 조절

누구나 감정 다루기가 쉽다면 정신 질환은 존재하지 않는다. 그러나 사람인지라 지칠 때가 오기 마련이고 부정적인 감정은 필수 불가결하다. 밤이 지나야 낮이 오듯 나쁜 감정이 존재해야 좋은 감정도 존재한다. 그렇게 우리는 다양한 감정을 느끼고 표현하고 공유하며 살아간다. 부정 감정이 과하면 쾌락과 정신 질환에 노출되기 쉽고 긍정 감정이 과하면 본능적인 욕구에 의해 일상이 어수선하게 흘러가기 쉽다. 내 모든 행동은 감정에서 나온다고 해도 과언이 아니다. 감정에 따라 생각이 흘러가고 생각에서 행동이 나오기 때문이다. 추가로 뒤에서 언급할 식사와 수면의 양과 질이 감정을 결정하기도 한다.

따라서 부정이든 긍정이든 잘 다루고 조절해야 내면의 안온함이 생기고 일상이 잔잔하게 안정적으로 흘러간다. 예시로 음주 중 기분이 좋아지면 즐기는 정도에서 끝나는 게 아니라 아예 조절 능력을 상실해 버리는 사람이 있다. 이렇듯 긍정 감정도 다루지 않으면 부작용이 나타난다. 사실 우리는 적당히 즐길 정도로 음주를 할 수 있지만 지나친다면 쾌락에 몸을 맡기고 싶은 '본능적인 욕구'에 의해 긍정 감정에 휘둘리게 된다. 그래도 부정 감정만큼 크게 걱정할 정도는 아니다.

우리를 잡아먹는 감정은 부정적인 감정에서 더 크게 나타난다. 나의 감정을 잘 다뤄야 '나'를 잘 통제하고 조절할 수 있고 결과적으로 생각과 행동의 질이 높아진다. 본질적으로 불안, 압박, 불편함, 짜증, 분노, 좌절, 외로움, 결핍, 연민, 두려움 등 많은 부정적인 감정들은 슈퍼 행동력의 신호다.

〰〰〰 감정 인지하기

성공하는 사람은 톤&매너가 다르다. 특히 감정이 태도가 되지 않는다. 반대로 자신의 감정을 조절하지 못하고 기분이 안 좋으면 안 좋은 대로 티 내고 드러내며 여러 사람을 불편하게 만드는 사람도 있다. 감정에 따른 표현 방식도 상황에 따라 적절히 표현하지 못하고 솔직함과 무례함을 구분하지 못한 채로 날것의 감정 그대로 행동한다. 그로 인해 우리가 추구하는 성공과는 거리가 멀어진다. '감정 지능'은 사회적 성공 여부에도 큰 영향을 준다. 우리의 모든 감정은 행동의 근원이 될 수 있기 때문이다. 감정 지능은 자신과 타인, 상황 속에서 발생하는 기분(감정)을 '이성적으로' 처리하고 조절하는 개인의 능력을 말한다. 자신과 타인의 감정을 잘 이해하고 공감할 수 있고 감정을 적절히 처리해 감정에 따른 상호작용을 도와준다. 따라서 긍정, 부정을 떠나서 순간적으로 느껴지는 자신의 감정 상태가 어떠한지 알아차리는 점이 제일 첫 번째 순서다.

우리가 느끼는 감정에는 그저 좋고 나쁨이 아닌 다양한 양상이 나타나는데, 예컨대 어떠한 상황에서 기분 나쁜 감정이 들었다면 어디에서 기인하여 발현했는지 내 감정 상태부터 인지해야 한다. 그저 '짜증'이라는 단 하나의 감정으로 뭉뚱그리는 게 아니라 소외, 위축, 허무, 실망, 부족감 등의 감정은 비슷해 보여도 뚜렷이 다른 감정이다. 내 상태를 알아차리고 감정이 투명하게 느껴져야 감정 변화도 실시간으로 투명하게 느껴지고 상황과 사람에 따라 감정 처리를 적절한 방식으로 할 수 있다.

～～～ 감정 받아들이기(인정)

마음의 병은 일종의 '병'이고 병이 있으면 병원에 가는 게 마땅하다. 그러나 우리나라 인식은 아직 편견에 너그럽지 못하다. 또는 내가 그 정도 수준은 아니다 싶어서 갈 생각조차 못 한다. 사실 병원에 가도 해결될지 의문이고 약이든 상담이든 장기적으로 의존하기도 곤란하다.

결국 내가 스스로 해결해야 하는 일이 된다. 마음의 병이 있든 부정 감정이 들든 본질적인 부분은 내가 나를 돌봐야 한다는 것은 변함없다. 그럴 때 감정에 대처하는 방법으로 몸의 감각과 나의 감정 소리를 먼저 들어야 한다.(물론 스스로 해결하기 힘든 마음의 중증이 있다면 잘 판단해서 주변의 도움을 받거나 적절한 치료와 치유를 받아야 한다)

한번 느낀 감정은 다시 거스를 수 없다. 감정은 느끼고 싶다 해서 느낄 수 있는 게 아니라 그저 본능적으로 느껴진다. 본능적인 욕구를 자꾸 거스르려 하면 내 안의 본능이 폭발하게 된다. 본능은 본능대로 받아들이고 조절하고 자제하는 방법을 배워야 하지만 감정을 내 마음대로 한다는 건 사실 불가능하다. 그저 조절할 뿐이다. 특히 이미 느낀 감정을 멈추게 하거나 다른 감정으로 바꾸기 쉽지 않다. 이런 까닭에 사람들은 이 부정적인 감정을 어쩔 줄 몰라 어서 빨리 벗어나려고 발버둥을 친다. 거기에서 인지부조화가 생긴다.[1] 이미 느낀 감정을 받아들이지 않고 벗어나려 하거나 어떻게 하려는 마음은 내 감정이 불편하지 않기를 '바라는 마음'에서 기인한다. 그렇게 가까운 관계에 감정을 왜곡해서 표현하거나 자신의 감정이나 마음을 표현하지 않아도 알아주

1) https://brunch.co.kr/@philosophus/189

기를 바라게 된다.

이렇게 표출된 감정들은 나에게도 가까운 관계에서도 결코 긍정적일 수 없다. 그러니 느껴지는 감정을 억누르려 하거나 극복하려 하거나 부정하지 않고 그저 받아들여야 하며, 이것은 이미 존재하는 감정의 '존재'를 부정하지 않고 있는 그대로 인정하는 것이다. 어떠한 감정을 느낀다 해도 감정에 끌려다니거나 매몰되지도 않게 기꺼이 느껴주고 충분히 경험해야 한다. 감정을 없애려 할수록 더 깊이 매몰되고 억압할수록 필요한 에너지가 더 많이 들게 된다.

그렇게 불가능에 맞서려 하면 충동적으로 반응하거나 무의식적으로 공격적이고 격한 자기방어를 하게 될 수도 있다. 심지어 여러 가지로 오해를 불러일으킨다. 안 그래도 불편한 감정으로 고통받는 중인데 스스로 고통을 더 발생시키는 셈이다. 따라서 문제 개선이나 수정을 위한 모든 문제 해결의 근원지는 부정이 아닌 '인정'하고 받아들이는 데에서 시작하도록 한다.

〰〰〰 감정 처리하기

감정을 허용하고 수긍한다고 해서 폭행, 폭언, 폭음, 폭식 등의 해로운 표출 방식은 나를 괴롭힐 뿐이다. 건강하게 감정을 배출하고 소화하려면 해로운 처리 방식이 나오기 전에 '나'로부터 감정을 방치하지 말아야 한다. 부정적인 감정들이 밖으로 표출

되기 전에 스스로 해결해야 한다. 핵심은 처리하지 못한 감정은 완전히 사라지지 않는다. 시간 지나면 괜찮아지겠지? 시간이 지나도 점점 더 뾰족해질 뿐이다. '이미 발생한 감정'은 충분히 표현하고 소화해야 자국이 남지 않는다. 충분히 해소되지 못하면 보상받고 싶은 마음에 그 감정에 더욱 매몰된다. 간헐적으로 나를 따라다녀 괴롭히고 다양한 신호를 보내며 감정 해소를 요구한다.

특히 어린 시절 발생한 긍정적인 감정 경험은 세상을 살아갈 기반을 제공해 주지만 반대로 부정적인 감정 경험은 결핍으로 자리 잡고 잠재의식 속에 무의식으로 남는다. 긍정 감정 경험이 부족하면 나에게도 긍정적인 영향을 미치지 못할뿐더러 남에게도 진정성 있는 긍정의 감정을 줄 수 없다. 해소되지 않은 감정 경험들은 비슷한 상황이나 사람에게 경직된 반응을 불러일으키고 성숙하지 못한 삶의 패턴을 만들어 낸다. 감정을 인지하고 수용하기 시작하면 감정은 여전히 느낄지라도 그에 수반된 고통을 줄일 수 있다. 이미 발생한 처음 감정에서 비롯되고 연결되는 '또다른' 부정적인 감정을 느끼지 않게 된다. 사실 부정적인 감정은 언제 느껴도 괴롭고 불편하다. 그렇기에 더욱더 꺼내서 말해야 한다. 감정을 꺼내는 방법도 중요하겠지만 꺼낼수록 치유되고 처리된다. 그렇게 더 잘 받아들일 수 있다. 더욱이 분노하거나 흥분하거나 울컥하는 등 감정이 북받치는 순간의 감정들은 즉시 불편해진다.

그러나 정점을 찍고 그 상황이 지나면 일정 시간이 흐르면 자연스레 사그라든다. 즉 호르몬과 신경의 활성은 영구적이지 않고 인간의 생리적인 반응은 몇 분 내로 한정된다. 그렇게 모든 감정은 유효 시간이 짧아서 금방 사라지기도 한다. 하지만 후회, 연민, 기대, 욕구 등에 의해 내가 스스로 그 감정이 사라지지 않게 붙들고 있을 수도 있다. 그저 내버려 두면 자연히 사라질 감정을 계속해서 감정에 매몰되거나 부정하면서 스스로 이어지게 만든다. 결국 감정에 끌려다니고 휘둘리게 될 수 있다.

나아가서 감정을 처리하고 해결하려면 감정 경험을 이해하는 과정이 필요하다. 우리는 일상에서 이해할 수 없는 다양한 상황과 사람을 마주하게 되는데, '어떻게 나한테 이렇게 말할 수 있어? 도대체 왜 저래?'와 같은 이해되지 않는 감정으로 온갖 의문점과 부정 감정이 따라온다. 혼란이 찾아오면서 답답하고 화나고 계속해서 신경이 쏠리고 애써 아닌척해도 마음에 걸려 일에 집중도 안 된다.

가령 상대와 대화할 때도 "넌 왜 이렇게 너만 생각해?"가 아니라 "난 존중받고 싶어", "나도 존중 좀 해줘"처럼 상대가 아닌 자신이 원하는 욕구와 감정에 초점을 맞춰야 한다. 또는 "너 때문에 피곤해. 나 좀 이해해 줘"처럼 상대에게 문제를 투사하거나 나를 이해해 주기를 바라기보다 "너는 그래서 그랬구나. 나는 이런 상황에서 지금 이런 문제로 이런 감정이 들어"처럼 상대와 상대의 감정을 이해하고 받아들이며 상황과 문제를 객관적으로 바라봐야 나의 감정 처리도 가능하다. 어렵다면 토머스 고든이 창안한 '나 전달법(자기표현기술)'에 대해 더 공부해 보면 도움이 된다.

따라서 알 수 없는 상대의 말과 행동보다 내가 느낀 그 감정으로부터 내가 어떠한 영향을 받았는지 그로 인해 어떤 결과를 초래했는지 나로부터 '알려고' 해야 한다. 그래야 열린 시야와 더 넓은 해결점들이 보인다.

감정으로부터의 자유
: 행동 활성화 기법

지치고 힘들 때마다 매번 감정에 잠식될 수는 없다. 부정적인 감정이 나를 지배해 일상을 빼앗으려 할 때, 감정을 잘 조절해서 일상을 영위할 수 있어야 한다. 그러나 부정 감정을 없애려고 하는 '욕구'와는 별개다. 감정을 스스로 받아들이게 되면 불쾌한 감정이 '사라져서' 괜찮은 게 아니라, 온전히 느끼면서 불편한 감정 '그 존재 자체로' 괜찮아지게 된다. 느껴지는 그대로 '받아들이기'와 동시에 조절하고 다루는 방법을 배우면서 상황에 따라 취할 수 있는 '행동'을 하는 게 좋다. 신체가 힘들면 휴식하면 되지만 정신적인 고통은 신체 활동을 통해 기운을 차린다. 그렇게 의도적으로 많이 움직이는 행동 활성화 기법으로 의욕을 되살리고 긴장 상태를 이완시켜 개선하는 목적이다.

어떤 사람들은 일상을 바삐 살다 보면 우울할 틈이 없다고 한다. 부정이 들어올 틈이 없을 정도로 바쁘게 사는 것도 한 방법이 될 수 있으나, 감정을 느끼고 생각을 할 수 있는 이상 틈은 늘 존재한다. 외면하고 억압하며 2차 에너지를 쓰기보다 행동을 통해 다양한 방법을 시도해야 한다. 그것은 사람마다 달리 적용되므로 '나와 맞는 방법'이 가장 핵심이다. 그렇게 시기와 때에 따라 상황과 사람에 따라, 나의 상태를 객관적으로 관찰하고 스트레스에 취약하지 않게 부정 감정을 다루며 생각과 감정을 충전시키는 게 좋다.

〰〰〰 감정 쓰기 '일기'

감정 기복이 심한 사람이라면 가장 적극 추천하는 방법. 스스로 감정 처리하기에 '쓰기'만 한 게 없다. 특히 잡생각이 많은 사람은 몇 번이라도 시도해 보기를 바란다. 일기라고는 하지만 사실 그냥 '적는 것', '쓰기'와 다름없다.

나는 무지성 노트에 아무런 체계나 질서 없이 그냥 적어 내려갔다. 글은 짧아도 길어도 좋다. 쓰다가 팔이 아프면 스마트폰 메모장에 적기도 했다. 감정을 기록하며 필터링 없이 부정적인 감정을 전부 쏟아냈다. 나의 경우, 심적으로 마음이 찢어지게 아팠을 때, 아무 데도 털어놓지 못해 압박감을 느끼고 감정에 내몰렸던 적이 있었다. 그렇게 감정을 풀어낼 곳이 필요했고 쓰기의 도움을 받아 답답함을 풀었다.

생각을 거치지 않고 뇌에서 떠오르는 대로 의식의 흐름대로 털어냈다(토해냈다고 하는 게 더 정확할 듯하다) 어차피 나만 보는 공간이기에 떠오르는 모든 것을 적어 내려갔는데, 시간이 지나고 다시 보면 나조차도 보기 힘들 정도다. 내가 썼음에도 소위 손발이 오그라든다는 부끄러움이 밀려오고 누가 보기라도 하면 이불킥하는 날이다. 그러나 써놓고 순간의 감정이 풀리면 단순하게도 바로 잊어버리기도 하고, 또는 쓰고 나중에 지워버리면 된다. 그럼에도 글을 써 내려가는 그 순간의 감정에는 충실해야 한다.

이렇게 쓰다 보면 신기하게도 어느 순간 감정이 자연스레 해소된다. 부정 감정으로 사로잡혔던 마음에 해결책이 생기거나 마음을 가라앉혀 차분해지는 힘이 생긴다. 내 감정을 피하지 않고 제대로 바로 인식할 수 있으며 감정 변화가 실시간으로 투명하게 느껴진다. 그로 인해 부정 감정을 스스로 오롯이 해소하고 건강하게 표출하고 표현할 줄 알게 된다. 더불어 감정에 솔직해지는 방법도 배울 수 있다. 어떤 감정이 들었는지, 왜 마음이 힘든지, 그래서 어떻게 해야 할지 현실적이고 객관적으로 바라보게 된다.

지금 내 감정을 마주하면서 나를 돌아보기에도 좋다. 혹은 개인의 문제보다 관계의 문제라면 대상과 잠시 시공간의 거리를 두어 마음의 여유를 가지고 일기를 쓰며 관찰해도 좋다. 그렇게 감정에 대한 원인 파악으로 감정을 먼저 정리함으로써 부정 감정을 남에게 내던지거나 투사하지 않게 된다. 그렇게 2차 문제 발생도 줄일 수 있다.

따라서 부정 감정에 자주 노출된다면 감정과 뒤엉켜 싸우지 말고 오늘 하루 감정에 대해 주의 깊게 살펴보고 쓰기라는 행동을 시도해 보자. 머릿속에 떠다니는 수많은 생각들과 뒤죽박죽이던 감정을 정리하면 머리와 마음이 비워지고 내면이 고요해진다. 이렇게 습관적으로 훈련되면 나중에는 쓰지 않아도 감정으로부터 충분한 '자유'를 얻는다. 차분히 전달할 줄 알고 일상 또한 지탱해 준다. 번외로 일차적인 '감정 쓰기'뿐 아니라 '감사'로 내용을 채워도 긍정적인 효과를 볼 수 있다.

〰〰〰 감정 흘리기 '울기'

사람들은 누군가 울고 있을 때 울지 말라고 위로한다. 다 큰 성인이 목 놓아 우는 것은 좀처럼 없는 일이라 그런지 왜 우냐며 기다려 줄 줄 모른다. 또는 부정적인 감정이 들면 꾹 참으라며 달랜다. 잘못된 표현 방법은 화를 부르겠지만 감정은 무조건 참는다고 능사가 아니다. 그래서 나 또한 운다는 행동은 잘못된 줄 알고 꾹꾹 눌러 담아 왔으나 부정적인 감정도 감정대로 받아들인 후로는 처절하게 울었다. 습관적으로 울면서 눈물을 무기로 이용하고 눈물 뒤에 숨어버리면 문제가 될지 몰라도, 감정을 풀어내는 데 우는 것만큼 해소되는 일은 없었다.

자신을 위해 많이 울고 자주 울어보라고 말하고 싶다. 나를 위해 쏟아낸 그 눈물 안에 성공의 열쇠가 달려있을지도 모른다. 나아가 감정을 흘리고 이성적인 현실을 마주하는 순간, 겉으로 드러나는 자신의 톤앤매너까지 지켜준다. 그렇게 감정적 '자유'는 태도가 달라진다. 결과로 남에게 감정을 쏟거나 나의 감정에 휘둘리지 않고 객관적으로 문제를 타개할 수 있다. 어떤 이는 감사하게도 그렇게 혼자 이겨낸 시간 속에서 얼마나 힘들고 외로웠겠냐고 말한다. 그러나 어떤 성공이든 성공이 간절하다면 감정으로부터 자유를 갈망한다면 혼자서 이겨내는 시간도 필요하다. 그렇게 우는 행동을 통해 자신을 달래고 좌절과 슬픔, 실망과 분노 등 부정의 감정을 만끽하고 누려라. 다만 성장통을 겪는 일은 긍정적으로 볼 수 있으나 자기 연민에 취하거나 열등감에 빠지는 것은 주의하는 게 좋다.

〰〰〰 감정 치우기 '주변 정리, 청소, 샤워'

묵직하게 억눌려 있는 감정과 순간의 감정은 무게가 다르고 얼룩의 자국이 다르다. 결핍과 억압된 감정은 눌린 만큼 씻어내는 데 오랜 시간이 걸린다. 그로 인해 순간적인 감정을 방치하지 않고 얼른 씻어내야 복잡한 세상을 그나마 단순하게 살 수 있다. 닦아내고 씻어내고 정리하는 행동을 통해 감정의 얼룩 또한 닦이고 씻기고 정리된다. 이미 성공한 사람들이나 정신의학 전문의도 청소로 인생이 달라진다는 말을 많이 한다. 모두 감정과 연관이 있다.

최근 '원룸에 자취해서 폭식증에 걸렸다'라는 콘텐츠를 접했다. 폭식증(식이장애)도 일종의 정신 질환으로 이미 겪은 적 있기에 공감이 됐다. 1인 가구가 많은 이 시점에 아마 적잖이 공감할 만한 세대들도 많을듯하다. 나의 경우, 취사도 힘들고 창문 열면 햇빛도 안 들어오는 다리 뻗기도 힘든 원룸에 5명이 살았던 적이 있다. 내 공간이 턱없이 부족하기에 프라이버시를 보장받기도 힘들뿐더러 부정적인 영향을 많이 받았다. 무엇보다 좁은 공간에서 서로 감정교류 없이 생활하다 보면, 외로움과 공허함을 쾌락과 자극으로 채우게 된다. 나 또한 폭식(자극)의 시발점이었다. 살아있다는 느낌을 받을 수 있는 환경이 아니다. 그렇게 스트레스 호르몬이 분비되면 감정 관리가 쉽지 않고 악순환의 고리로 생각과 행동에 제한이 걸린다. 뒤에서 얘기하겠지만 우리는 호르몬을 이길 수 없다. 비단 좁은 집뿐만이 근본 원인은 아닐지라도 그 영향은 적지 않고, 작고 좁은 집일수록 정신 질환이나 부정 감정에 노출되기 쉬운 환경이라고 볼 수 있다. 심지어 그런 현실적인 상황에서는 사실 주변 정리나 청소가 쉽지 않다. 그러나 내 환경을 탓하기만 하면 감정이나 문제를 강구하거나 타개할 수 없다. 공간이 크게 없었기에 집을 치울 것도 없었다.

몸을 씻어내리는 샤워라는 행동으로 하루에도 두세 번씩 부정적인 순간의 감정을 씻어내렸고, 지금은 일어나면 환기를 시키고 이부자리 정리부터 한다. 곧게 정돈된 자리를 보면 마음도 곧 정돈되고 별거 아닌 사소한 일처럼 보여도 한 끗 차이가 마음의 짐을 덜어준다.

또한 지갑 속 영수증 정리, 무분별하게 모아놨던 쇼핑백이나 안 쓰고 안 입는 옷 정리 등 모두 매한가지다. 정신적 고통을 줄이고 싶은 욕구로 생겨난 '미니멀리스트'나 '요노문화'가 생긴 것도 이에 해당한다. 덜어내고 비워내며 정돈된 것으로부터 불필요한 소유와 감정 소비를 줄이고자 함으로써 정신을 치유한다. 정리라는 행동은 부정 환경에서 벗어날 수 있는 긍정의 행동이다. 어지러운 환경에 노출되는 것도 문제지만, 정리가 강박의 일종이 되어 청소에 집착하거나 결벽증, 저장 강박이 생기는 건 또다른 문제다. 그건 그것대로 또 풀어가야 한다.

나 또한 무력감이 들어 죽는 게 그리 큰일이 아닌 일처럼 느껴졌을 때, 실제로 일상을 회복한 방법들을 소개했으나 이 밖에도 정말 많다. 산책, 명상, 봉사, 마사지, 반신욕, 평온한 음악, 자연 소리 듣기, 신뢰하는 이와 대화, 자연 속에서 시간 보내기, 종교가 있다면 종교에 기대보는 것도 한 방법이 될 수 있다. 간혹 내 감정 상태보다 우선순위가 높은 게 있다. 그럴 땐 우선순위의 행동을 먼저 하되, 후에 눌린 감정을 해소하는 일도 필요하다. 이렇게 오감을 느끼며 행동 활성화를 통해 조금 더 빨리 털어내고 조금 덜 고통스럽게 건강한 일상을 살아갈 수 있다. 결과로 새로운 관점을 얻는 데 도움이 되고 행동의 시발점을 개선할 수 있다.

부정을 긍정으로 학습하기
: 자기 통제

　기본적으로 사람은 감정에 따라 상황을 다르게 지각하는 경향이 있다. 실제로 기분이 좋을 때는 우호적으로 반응하고 기분 좋은 '느낌'으로 결정한다. 반대로 못마땅하거나 기분이 안 좋을 때는 전반적으로 판단력이나 집중력 등이 저하된다. 때로는 번 아웃에 빠져 감정을 느끼거나 의식적으로 무언가를 하는 자체가 지치는 '무'의 상태가 되기도 한다.

　무력, 무기력, 무감정. 그렇게 아무 생각조차 없을 때는 외로움을 넘어 사회적 고립에 빠지게 될 수 있다. 이렇듯이 감정에 휘둘리는 순간 판단력이 흐려져 '충동성'이 두드러진다. 앞서 감정을 '인지'하고 '인정'하는 행동들을 연습하고, 감정 경험을 이해하는 과정이 충분히 훈련되면 자신을 조절할 줄 알게 된다. 긍정과 부정 또는 무감정. 그 사이에서 무의식적으로 감정에 기대지 않게 본질을 파악하고 스스로에 대한 '자제'와 '절제'를 배워야 한다. 즉각적인 자유 대신 미래의 더 큰 자유와 보상을 위한 일이며 본격적으로 자신의 감정을 학습하는 단계. 심리상담센터에서는 '인지행동치료'라고도 불린다. 꼭 행복을 목표하거나 성공을 증명하지 않아도 된다. 개인의 생각, 감정, 행동 패턴을 분석하고 부정적인 사고 패턴과 행동을 인식하고 긍정적으로 변화시키는 것을 목표로 한다. 긍정이 더 많은 자리를 차지해야 하는 점은 '잠재의식의 뼈대'가 되기 때문이다. 억지로 행복을 좇지 말고 차라리 불행한 곳에서 자신을 꺼내는 편이 낫다.

~~~~~ 흑백논리 벗어나기

술, 담배를 매일 하던 사람이 갑자기 하루아침에 끊어낼 수 있을까? 알다시피 오래가지 못하고 다시 손을 댄다. 또는 다이어트를 하고자 하면 오늘까지만 먹고 내일부터 한다면서 오늘이 마지막인 것처럼, 내일은 없는 것처럼 다짐한다. 이때 부작용이 나타난다. 폭식이나 폭음처럼 외려 끊어냈던 것에 더 과하게 집착하거나 요요현상이 따라붙기도 한다. 어느 날은 운동 의지가 불끈 생겨 하루에 몰아서 2시간 운동하고 일주일 넘게 쉬거나 헬스장을 등록하고 3일 동안 열심히 나가다가 결국 안 나간다. 모두 자제와 절제가 없는 통제 불능 상태인 충동 성향이 있는 사람에게 나타날 수 있다. 그렇게 모 아니면 도, 성공 혹은 실패. 그렇게 극에서 극을 오가며 단순하게 두 가지로 나누고 그 안에서 답을 찾으려 한다. 생각과 행동도 극과 극으로 나뉘며 충동적이지만 감정마저도 극단적이다.

흔한 예시로 시험이나 과제 등 마감이 닥치면 못 일어날 거 같아서 밤을 새운다. 2~3시간이라도 자는 것과 아예 수면을 포기하는 일은 뇌 기능에 직접적인 영향을 주고 생산성을 떨어트린다.

'오늘 하루 안에 이 모든 일을 다 끝내야 해'

'시험 결과가 100점이 아니면 실패야'

'이 대학이 아니면 의미가 없어'

모두 융통성과 유연한 사고가 없는 흑백논리의 오류다. 이러한 인지 왜곡은 완벽주의와 과잉일반화를 부를 수 있다. 부분이 아닌 전부를 하려다 보니 도전을 주저하게 하고 쉽게 포기하게 만들어 시작부터 의욕이 떨어진다. 특히 극단적으로 갑자기 확 끊어버리거나 한 번에 몰아서 하려 하면 금단현상처럼 반감이 들 때가 있다. 하지 말라고 하면 더 하고 싶어지는 심리적 현상을 가리키는 '칼리굴라 효과'로, 심리적 저항이라고도 한다. 이러한 흑백논리는 행동과 점점 멀어지다가 성취와도 멀어진다. 이분법적 사고에서 벗어나야 한다.

우리는 일상에서 수많은 선택을 하면서 살아가지만 선택지는 두 가지만 있지 않다. 새로운 것을 시작하는 데는 의지와 용기가 필요하고 해로운 것을 끊어내는 데에는 결단력이라는 자원이 필요하다. 결국 에너지가 드는 일이다. 긍정적인 에너지를 축적하지 못한 사람이 자꾸 에너지를 써서 무언가를 갑작스럽게 하거나 큰마음을 먹고 하려고 하면 오래 못 가고 지친다. 극단적인 것을 대체하는 데에는 유연한 사고가 필요하다. 한 번에 에너지를 써서 바로 끊어버리거나 도전적인 일을 하기보다 조금씩 줄여가거나 가장 쉬운 것부터 해야 한다. 특히 '지속 가능성'이 핵심이다. 지속 가능한 일은 에너지가 크게 들지 않는다. 그저 라이프스타일에 녹아들어 건강하고 좋은 습관을 만들어 가는 과정을 지향해야 내 것이 된다.

～～～～ '금지보다 허용', 긍정 탐구 방법론

감정은 생각이 되고 반대로 생각이 감정이 되기도 한다. 감정과 생각은 유기적으로 연결되어 있다. 그렇게 우리는 생각한 대로 행동하고 생각이 행동을 결정한다. 그 생각 안에서도 의식의 영역과 무의식의 영역으로 나뉜다. 《간헐적 몰입》이라는 책에서는 우리 행동과 일상은 5%의 의식과 95%의 무의식으로 살아간다고 한다. 그만큼 생각보다 무의식적인 영향을 많이 받는다. 일상을 살아가는 대개의 시간을 무의식으로 살아간다고 해도 과언이 아닐 정도다. 그로 인해 나 자신에게도 부정보다 긍정 영향을 주는 표현을 하며 긍정의 힘을 얻는 방향으로 가야 한다. 이유는 말하지 않아도 알고 있음에도 생각도 표현도 잘 안 되는 사람이 있다. 자신의 무의식에 '프레이밍'을 씌웠기 때문이다.

'프레이밍 효과'는 어떤 시각으로 바라보느냐에 따라 상황에 대한 해석과 결과가 달라진다는 의미이다. 예를 들어 프로젝트를 진행할 때, '휴…, 과제가 반이나 남았네'라는 생각이 들어오면 부정적인 '감정'으로 해석된다. 또는 '오, 벌써 반이나 했네'처럼 같은 상황이라도 의욕이 생기는 긍정적인 '감정'으로써 아주 짧은 시간에 판단과 선택이 달라질 수 있다. 같은 맥락으로 "레몬을 생각하지 마"라는 문장을 보고 레몬을 생각하지 않으려 하면 도리어 반사적으로 레몬의 심상에 빠져든다. 게다가 생각하고 상상하는 것만으로 침이 고이면서 레몬을 먹었던 과거의 경험으로 '나도 모르게' 무의식적으로 반응하게 된다.

우리 일상에 대입해 봐도 같다. 매일 자극적인 정크 푸드를 달고 살던 사람이 갑자기 몇 날 며칠 퍽퍽한 닭가슴살과 오이만 먹으면 정크푸드의 욕망이 뇌를 지배한다. 특히 '오늘부터 이건 절대 안 먹어야지!'하고 다짐하면 하루 종일 그 음식만 생각난다. 또는 술을 매일 마시던 사람이 술을 끊겠다고 참아내기만 하면 술을 마시고 싶다는 심리가 고조된다.

이렇듯 필사적으로 애쓰면 애쓸수록 본능적인 무의식으로 피하고자 했던 쪽으로 더욱 깊게 활성화된다. 간절하면 이루어진다지만, 피하고자 하는 방향이 잘못된 방향으로 집착과 강박으로 작용하게 되면 더더욱 멀어지는 것도 같은 이치다. 결국 도돌이표 같은 무한굴레에 빠지게 되면서 프레임의 덫에 걸린다. 이런 이유로 행동을 짐짝처럼 여긴다면 짐스러워진다.

따라서 술을 바로 끊기보다 술 마시는 모임을 줄이고 대체할 취미를 찾는 게 긍정적인 방향이다. 정크 푸드를 바로 참기보다 차라리 맛집 리스트와 배달앱을 지우는 게 유리하다. 내가 무언가를 이루고 싶거나 어떤 목표가 있다면 참고, 끊고, 피하려는 부정형을 각인하기보다 하고자 하는 방향을 각인하는 게 좋다. 무엇이 문제인지보다 '무엇이 제대로 잘 작동하고 있는지'에 초점을 맞추고 가고자 하는 방향으로 관점을 전환해야 한다.

〜〜〜〜 욕구불만 채우기

인간의 3대 욕구에는 수면욕, 식욕, 성욕이 있다. 개인의 신체적, 정신적 건강을 위해 매우 중요한 요소이며 가장 기본적인 욕구들이다. 매슬로우의 인간 욕구 이론에 따르면, 인간의 욕구는 하위단계의 생리적 욕구부터 상위의 자아실현 욕구까지 5단계로 나뉜다. 피라미드 구조로 하위단계의 생리적 욕구가 최우선이며 하위 욕구를 충족해야 다음 단계의 욕구가 발생한다. 낮은 단계서부터 그 충족도에 따라 높은 단계로 성장해 간다. 인간의 욕구는 삶의 기초가 되는 원초적이고 본능적인 욕구이며 살아남기 위해 완전히 끊어낼 수 없다. 그야말로 생존본능이다.

우리 뇌는 생존에 필요한 기본 욕구를 충족하기 위해 본능적으로 행동하도록 설계되어 있다. 예를 들어, 고속도로에서 운전하다가 화장실이 급하면 온 신경이 휴게소를 찾는 데 집중된다. 또는 하루만 밤새도 병든 닭처럼 비실비실해서 집중력이 흐려지고 잠을 통한 회복을 원하거나 며칠 굶으면 머릿속에 배고픔으로 가득해서 다른 일을 할 수 없다. 때로는 상처를 받거나 위협적인 상황에서 자신을 보호하기 위한 안전 욕구로 자기방어를 하는 등 본능적인 반응이 나온다. 생리현상이 극에 달하면 참을 수 없고 욕구와 본능을 거슬러 참고 끊어내려 하면 잠재웠던 본능이 폭발한다.

이렇듯이 욕구가 차단되면 욕구불만이 발생한다. 결국 욕구불만이 나타나는 것은 생리적, 심리적으로 욕구를 해소해야 한다는 뜻이다. 뇌의 신경 회로와 호르몬 작용으로 인해 욕구를 무시하거나 불만족 상태로 남게 되면 감정과 행동에 영향을 미친다. 불안과 우울, 분노, 등 공격성까지 나타나며 기본적인 욕구들을 다스리지 못하고 절제 없는 욕망에 휩쓸리는 삶이 된다.

따라서 적절히 필요 이상을 탐하지 않게 절제의 관점으로 다가가야 한다. 그렇게 수면과 휴식, 영양 섭취, 건전한 성생활 등 인간의 기본 욕구를 채우며 균형 잡힌 삶을 영위하는 일은 개인의 정신적, 신체적 건강과도 직결된다.

성공의 뼈대 만들기
: 자기 확신

이제는 '감정 그 자체의 해소'라는 의식에 집중되기보다 '실제 존재하는 상황이나 문제 해결'에 목적을 둔다. 그 기반에는 '자기 믿음'이 있다. 우리는 성공을 간절히 원하면서도 그 이면에는 실패를 두려워하는 양면의 감정이 숨어있다. 혹여라도 실패할지 모를 두려움에 휩싸여 쉽게 도전하지 못하거나 해보기도 전에 의심과 불신이 생긴다. 스스로 성공 경험을 해보지 않고 본 적이 없기에 믿지 못한다. 충분히 성공 경험을 해보면 의심과 불신안으로 믿음과 확신이 비집고 들어온다.

앞서 말했듯이 불확실성은 우리를 두렵게 만든다. 우리가 원하는 걸 얻지 못하는 이유도 내가 성공할 수 있을까 하는 '불확실한 마음', 즉 확실한 자기 믿음, 확신이 부족하기에 행동의 격차가 발생해서이다. 또는 자신을 모르지만 안다고 착각하기 때문이다. 그로 인해 아무리 노력해도 안 된다고 말한다. 그렇게 눈곱만큼이라도 자기 믿음에 의심이 들어오는 순간, 그 자리에는 실패 이유를 스스로 만들며 불신이 생기고 쉽고 편한 길로 타협과 합리화가 생긴다. 그래서 단순히 믿는다는 마음을 넘어 확신이 자리 잡아야 한다. 연인 사이에서도 확신이 있으면 불안하지 않은 것처럼, 뿌리 깊은 믿음으로 신앙생활을 하는 종교인들처럼 자신이 성공 '할 수 있다'라는 사실을 완전히 믿어 의심치 않아야 한다. 무엇보다 '자신의 가능성'의 믿음을 만들어야 한다. 결과를 만들어 내는 일은 자기 믿음과 확신에 달려있다.

〰〰〰 나와의 약속, 작은 성공을 매일 자주!

우리는 매번 약속 안 지키는 사람을 믿을 수 없다. 신뢰는 인간관계에서도 비즈니스에서도 중요한 역할을 한다. 특히 연인 사이에서도 믿음이 깨지면 관계를 지속하기 어렵다. 마찬가지로 자기 신뢰가 낮은 사람은 자기 자신과의 약속을 지키지 못한다. 나와의 약속을 지켜내지 못해 자기 믿음이 낮고 대부분 무의식적으로 자신에 대한 존중이 부족한 행동들로 흘러간다.

예컨대 게임이나 SNS 중독, 낭비벽, 폭식, 폭음, 심한 단식과 절식, 지나친 강박증, 알코올 의존, 불면증, 부정적 생각 방치, 과한 남 시선 의식, 반복적인 자책, 특정 사람과 물건에 대한 집착과 소유욕, 혼자 있는 시간을 견디지 못하거나 사람 만나는 일을 회피함 등이다. 이래서는 자신을 존중할 수도 없고 믿을 수도 없다. 나를 존중하지 못하고 믿지 못하면 남에게 신뢰를 얻기는커녕 존중받을 수도 없다.

더 문제는 자기 통제력을 높일 수도 없다는 점이다. 감정은 늘 해소되길 원하고 부정의 감정들은 어떻게서든 밖으로 표출된다. 나를 존중하고 믿는 일도 학습과 복습을 통해 연습이 필요하다. '아주 작고 사소한 성공'을 '매일 그리고 자주' 경험하며 반복적으로 연습량을 늘려가야 한다. 자신에게 부담되지 않는 여러 번의 작은 성공을 통해 성취가 점점 쌓이면 자신감이 생기고 곧 자기 믿음까지 이어진다. 나아가 긍정적인 성취 경험의 비율이 더 높다면 믿음은 확신이 된다. 그렇게 자기 자신과의 약속을 지켜냄으로써 얻은 성취 경험과 끈기는 훗날 내가 다시 넘어져도 일어날 에너지가 축적된다.

예를 들어, 스마트폰과 함께 눕는 대신 책을 가까이 두고 단 5장이라도 읽고 잠자리에 든다든지, 하루 세줄 일기를 쓴다든지 또는 점심 식사 후 앉아 있는 대신 10분 산책한다든지 '나와 약속'을 하고 매일 지켜나간다(나 같은 경우, 매번 나와의 약속이 있었기에 '내 약속을 지키기 전에 다른 약속 잡지 않기'를 나의 약속 목록에 넣었다). 시행착오를 통해 차곡차곡 쌓아 올린 자기 확신은 변하는 환경 속에서도 '나'를 지켜주고 큰 에너지 없이 다시 일상을 찾아준다.

그로 인해 지나친 쾌락과 욕구도 자연스레 줄어들고 자신을 존중하면서 다시 동기부여가 되고 선순환이 된다.

단, 핵심은 아주 쉽고 간단한 일부터 행동해야 그로 말미암아 작심삼일 하게 되는 상황을 방지할 수 있다는 점이다. 어렵고 에너지가 많이 드는 일, 의지력이 많이 드는 일은 매일 같이 자주 못 한다. 아주 사소한 일일지라도 사소하게 생각하지 않고 소중히 여기고 약속을 지켜내면 행동력이 확장된다. 《손자병법》의 "이겨놓고 싸워라"처럼 무언가를 이뤄내고 싶다면, 이뤄 본 경험을 먼저 누적시켜야만 나중에 큰 성공도 누릴 수 있게 된다는 것과 같은 맥락이다. 결국 자기 믿음의 연습량은 나중에 질적으로서 양질 전환이 가능하고 실패도 두렵지 않은 마음 근력이 생긴다.

〰〰〰 수면의 질과 양 지키기

우리 몸은 건강한 사람일지라도 매일 수많은 암세포를 만들어 낸다. 아울러 수면 부족은 암 발생과도 연관된다. 그러나 모두가 암에 걸리지 않는 이유는 면역력이 정상 범위 내에 있기 때문이다. 수면의 역할 중 하나는 세포와 면역을 재생시키고 손상된 조직과 근육을 회복시키는 것이다. 비정상 세포를 감시하는 역할인 면역체계는 매일 염증과 암세포를 찾아서 청소하고 제거해 준다.

특히 우리는 미세 플라스틱, 미세먼지, 중금속 등 다양한 경로로 매일 독소에 노출된다. 그렇게 깊은 잠을 자는 동안 뇌가 스스로 독소를 청소해 면역력을 지키고 몸과 정신을 맑게 회복한다. 면역력이 떨어지면 매일 독소를 치우지 못하고 암세포는 서서히 영역을 차지하며 자라난다. 수면의 질과 양이 부족하면 통증에 대한 내성을 낮춰 만성 통증의 위험을 높이고 일상적인 불편이 더 크게 느껴진다. 게다가 스트레스 호르몬인 코르티솔, 회복 및 재생을 돕는 멜라토닌 호르몬, 식욕을 억제하는 렙틴 호르몬 등 호르몬을 분비하고 조절하는 균형이 깨지면서 감정과 행동에도 영향을 미친다.

면역을 지키고 건강을 위해서는 우리가 늘 접하는 공기, 물, 음식, 환경 호르몬이나 근육 등도 중요하다. 그러나 회복을 위해서 그리고 감정과 행동을 위해서는 수면이 가장 중요하다. 현대인이라면 잠을 못 자서 신경질적이고 예민해지는 일은 한 번쯤 겪어봤을 만하다. 체력도 정신력도 전반적으로 저하됨은 물론 집중력과 생산성도 잃는다. 앞서 배운 내용들이 무색하게 자기 통제와 절제, 감정 조절까지 한꺼번에 도둑맞는다. 하물며 건강에도 치명적이지만 건강과 별개로 '감정'과 '행동'에 있어서도 치명적이다.

특히 나와의 싸움과 행동에 가장 방해가 되는 일은 '잠이 부족한 날의 나'다. 그 틈으로 타협과 합리화가 비집고 들어온다. 우리는 자신과 싸울 수는 있어도 잠과 싸울 수 없다. 반대로 충분한 수면은 행동에 있어 의욕과 집중력 향상을 부여하고 근육통뿐만 아니라 만성염증 위험도 줄인다. 아무래도 수많은 이유로 쉽게 잠들지 못하는 우리지만 그럼에도 수면의 질과 양을 기필코 지켜내야 하는 이유다. 현재의 나와 미래의 나를 위해서. 나의 신체와 정신적 안녕을 위해서. 무엇보다 나의 '행동력'을 위해서 말이다.

생각보다 우리 감정은 일상에 지대한 영향을 미친다. 그렇게 모든 감정은 우리 삶의 균형을 맞추고 중요한 신호를 준다. 감정적으로 지치거나 정신적으로 건강하지 못하면 자신을 존중하지 못한 행동들로 흘러간다. 반대로 정신이 건강하면 자신을 존중하지 않는 행동들과 멀어진다. 이에 따라 감정의 소리에 귀 기울여 나의 감정과 나를 돌아보는 일은 감정 지능을 높여준다. 감정은 자기 관리처럼 필수로 관리해서 조절할 줄 알아야 한다.

"감정은 생각이 되고 생각은 행동이 된다."

결국 감정이 행동이자 태도다.

4장

몸 건강
: 신체 관리

음식이 곧
행동이다

　먼저 앞 내용을 완전히 이해했다면 '감정은 행동이 된다'라는 뜻을 이해할 수 있다. 나아가 우리가 먹는 '음식'도 감정과 기분에 영향을 미친다. 음식은 에너지를 채워주는 생존 수단을 넘어 감정 조절과 스트레스 완화에도 중요한 역할을 한다. 반대로 자극적인 음식들로 몸에 독소가 쌓이면 스트레스와 긴장이 익숙해지고 기운을 뺏는다. 그래서 섭취한 음식은 우리 '몸'이 되지만 감정에 영향을 미쳐 '행동'이 되기도 한다. 배부르거나 더부룩하면 행동과 멀어지는 것처럼 말이다. 행동을 다루려면 감정관리뿐 아니라 식습관, 식생활 관리, 즉 '정신건강에 좋은 음식'을 먹어야 한다. 히포크라테스는 음식은 곧 약이고 약이 음식이라 말했다.

더해서 몸 상태가 감정을 좌우할 수도 있다. 정신적 영향을 주는 몸 상태는 크게 질병, 질환, 비만, 근육 부족(체력) 등이 있다. 몸이 아프면 쉽게 예민해지고 예민함도 습관이 된다. 사실 망가지지 않은 상태가 가장 좋겠지만 누구나 노화는 오고 환경, 상황, 습관 등에 따라 몸 상태도 달라질 수밖에 없다. 감정관리를 잘하려면 내 감정을 잘 듣는 것처럼 신체 관리도 몸의 소리를 듣는 게 핵심이다. 건강할 땐 망각하지만 망가지기 전에 깨달아야 한다. 결국 우리가 먹는 '음식'이 나와 내 성격을 만든다. 나의 행동을 결정짓는다. 음식 관리가 곧 신체 관리이자 감정관리다.

〰〰〰 인류는 살찌지 않았다

급기야 성인병의 시대가 도래했다. 문명이 발달하기 전, 과거 인간은 음식조차 제대로 구할 수 없었다. 언제 어디서나 식량부족으로 굶주리며 생존하기 위해 자연과 싸우며 식량을 구했고 사냥과 채집 등으로 많은 거리를 이동했다. 구석기 시대는 음식 섭취가 생존과 직결됐으며 오로지 생존이 최우선이었다. 생존의 위험을 대비해서 사냥 실패로 오랜 기간 먹지 못할 때를 위해서 잉여에너지를 최대한 축적해야 했다.

게다가 불을 발견하고부터 요리를 시작하게 되는데, 익혀 먹기 시작하면서 씹는 횟수가 줄고 소화능력도 올라갔다.

그러나 현재는 맞벌이 가정과 1인 가구 증가, 외식문화 확산 등으로 자연식과 점점 멀어졌다. 배달 음식과 가공식품, 밀키트 등의 증가로 요리하는 가정도 사라지고 있다. 현대사회가 급변하면서 인류는 사냥과 채집을 안 해도 살아갈 수 있게 되고, 신체 활동마저 줄었다. 걸어서 30분 이동하는 일도 길게 느껴져 짧은 거리도 차로 이동한다. 음식 또한 원할 때 언제 어디서나 섭취할 수 있는 풍족한 환경이 됐다. 옛날에는 음식을 쉽게 구할 수 있고 활동이 불필요한 상위 계층에서 비만이 많이 발생했다. 고기나 설탕도 소수 상류 계층만이 누릴 수 있었다. 그로 인해 비만하거나 살이 찌면 부자 혹은 잘 사는 사람으로 칭했다.

반대로 21세기에 가공식품이나 정크 푸드는 너무 흔하다. 사실 정상적인 음식은 첨가물 없이 인공적인 과정 없는 자연 그대로 음식이 진짜 음식이다. 그러나 첨가물 듬뿍 들어간 가공식품이나 정크 푸드를 당연한 듯 매일 섭취하고 있으니 진짜 음식으로 식사하기만 해도 다이어트라 칭한다. 아침이나 공복에 간단히 시리얼이나 떡을 먹는 건 당연하게 생각하고 청경채를 데쳐 먹으면 다른 세상 사람처럼 본다. 실제로 조금만 적게 먹거나 자연식, 샐러드를 먹으면 살 빼냐고 더 먹으라는 소리를 수도 없이 듣는다. 음식에 대한 관점과 시각을 바꿔야 할 때다.

결국 우리는 본질적인 인류 태초의 상태로 돌아가면 된다. 생존에 필요한 기본으로 가깝게 되돌리면 살은 알아서 자연스레 빠진다.

〰〰〰 자극에 익숙해진 현대사회

'매운맛'은 일종의 트렌드로 자리 잡았다. 매운맛을 즐기는 소비자와 수요가 늘면서 매운맛을 강화한 라면, 과자, 삼각김밥, 소스 등 업계 전반으로 매운 식품이 확산 중이다. 젊은 세대를 중심으로 '맵부심(맵다+자부심)'을 부리며 기준이 높아진 '극강의 매운맛' 열풍이 늘었다. 이런 현상을 두고 유통 업계의 통상적인 분석은 경기 불황에 따른 스트레스 해소라고 한다.

실제로 IMF 위기 당시, 닭발과 떡볶이 등 매운 음식이 선풍적인 인기를 끌었으며 잇따라 떡볶이 프렌차이즈가 늘기도 했다. 과거 전국을 강타한 매운 짬뽕도 대표적인 경우다.

유통업계에서는 경기가 좋지 않을 때 매운 식품이 잘 팔린다는 속설도 있다. 경기 불황과 매운맛 유행의 궤적이 같다는 뜻이다. 매운맛 성분은 뇌의 신경계통을 활성화하고 엔도르핀 분비를 증가시켜 일시적으로 스트레스 해소에 도움 준다.

매운맛뿐 아니라 단맛도 예외는 아니다. 설탕 시럽을 코팅한 과일꼬치 '탕후루'는 2023년 한 해를 장악했다. 특히 올 한 해 '두바이 초콜릿'은 전 세계적으로 폭발적인 반응을 이끌었다. 크루아상 위에 쿠키 반죽까지 더한 '크루키', 연유와 사고 펄 등을 넣어 만든 홍콩 디저트 '망고사고'도 극강의 단맛을 자랑한다. 그야말로 사고다.

최근에도 고물가 고금리 장기화에 따른 불황과 불안이 지속되면서 소위 단짠단짠과 맵단맵단, 자극의 향연이다. 자극적인 맛에 중독되고 자극적인 콘텐츠에 열광하는 자극에 익숙한 현대 사회 환경은 행동을 점점 느리게 만든다. 심리가 복잡할수록 감정이 개입되고 우리를 '행동'과 멀어지게 한다. 자극과 쾌락의 대명사 '도파민'은 세로토닌과 함께 삶의 질에 가장 큰 영향을 주는 호르몬이다. 쾌감이나 재미, 즐거움을 느낄 때 분비되고 행복감을 느끼는 데 관여하며 정상적인 삶을 위해 반드시 필요한 요소다.

그러나 서울대 김난도 교수는 도파민 자체가 문제가 아니라 도파민 '과잉'이 문제라고 꼬집었다.

이런 문제를 두고 전문가들도 '느린 보상'에 익숙해져야 한다고 조언한다. 항상성을 유지하려는 몸의 특성상, 도파민이 과잉되면 쾌락에 내성을 만들고, 점점 강한 자극을 찾아 나서게 되고, 결과로 중독에 빠지게 된다는 이유다.

이렇듯 '일시적인' 해소에만 집중하면 악순환의 고리에 빠지게 된다. '행동'을 위해서는 근본적인 본질적 문제를 볼 줄 알아야 한다. 쾌락과 재미를 좇을 수밖에 없는 주어진 환경 속에서 온전한 나와 나의 일상을 찾아야 지속적인 '행동'과도 가까워질 수 있다.

〜〜〜〜〜 '한국의 위기', 비만은 병이다

여러 매체에서 '비만은 질병'으로 구분 짓고 있다. 세계 보건 기구는 전 세계적으로 10억 명이 넘는 사람들이 과체중으로 추산하고 있으며 이 중 최소 3억 명이 비만이라고 한다. 심지어 자신이 비만인지도 모르는 '마른 비만'도 존재한다. 이제는 사회적으로 비만과 체중 관리에 대해 중요한 이슈로 자리 잡고 있다.

사실 비만뿐 아니라 정희원 교수가 소개하는 수명을 줄이는 가속노화의 개념도 비만과 상관관계가 깊다.

그는 한국의 최대 위기는 가속노화라며 "만성질환의 씨앗이 되는 '비만'은 전체적인 사회의 '가속노화'를 보여주는 수치"라 덧붙였다. 체중이 많이 늘었다는 건 비만으로 이어지고 건강과 멀어지고 있다는 뜻이다. 비만은 단순히 잉여에너지가 많을뿐더러 호르몬과 대사의 균형을 깨버리고 대사질환과 가깝다는 신호다. 호르몬과 대사는 되돌리고 체내 염증과 독소를 배출해야 한다.

요즘은 식습관과 생활 습관, 스트레스 등으로 고통받는 만성질환 환자가 많아도 너무 많다. 그러나 만성질환은 병원에 가도 당장 진단이 내려지지 않거나 의사도 같은 말을 되풀이한다.

"식습관과 생활 습관 고치세요."

현대사회는 위생 관리가 잘 되고 의학도 발달했지만 더불어 자극적인 음식을 접하기 쉽고 수면이 부족할 수밖에 없는 환경까지 발달했다. 만성질환이나 질환의 초기증상은 의사가 치료 목적으로 같이 '관리'해 줄 수는 있어도 절대 고쳐줄 수 없다. 감정과 마찬가지로 방치했다가는 나중에 더 크게 터져 신체 건강을 악화시킨다.

특히 비만은 성인병에 속하는 각종 대사 질환에 노출될 확률이 2배 더 높아지고 근골격계 질환이나 합병증까지 무시 못 한다. 심지어 외모지상주의에 외적인 모습도 스펙이 되는 현대사회에서 비만은 자신감마저 떨어트려 자아 정체성까지 무너지게 만드는 무서운 '병'이다. 결국 감정관리처럼 내 몸도 내가 챙기고 관리해야 하는 일이 된다. 내 몸을 챙기지 않고 정신과 신체가 망가지면 '행동'이 힘들기 때문이다.

〰〰〰 지름길은 없다

비만의 원인을 살펴보면 많이 먹고 안 움직여서 살이 찐다. 각종 안 좋은 식사와 생활을 접한 결과다. 그러나 몸이 아프거나 정신이 아프거나 몸과 정신이 망가져서 비만이 생기기도 한다. 우리는 수면 부족이나 자극적인 음식과 굉장히 밀접하며 현대인들 특성상 몸과 정신이 망가지는 환경 속에 있다고 해도 무방하다.

정신이 고장 났을 때 가장 쉽게 접하기 쉬운 자극은 음식이다. 맵고, 짜고, 단 자극적인 음식, 간식, 야식, 과식, 외식 등 온 갖 음식을 부르며 스트레스성 폭식까지도 유발한다. 음식도 음식이지만 술과도 가까워진다. 그렇게 자극은 자극을 더욱 끌어당기며 무한굴레로 비만해진다. 게다가 수면 부족은 정신적으로 고장 나기 딱 좋은 환경이다. 감정과도 연관 깊은 수면 부족은 붓고 살찌는 체질을 만드는 데 한몫한다. 반대로 몸이 고장 나도 비만해진다. 다이어트의 본질은 '덜 먹고 더 움직인다.'이다. 그러나 안 먹어도 덜 먹어도 살이 안 빠지는 이유는 '몸속 염증' 때문이다. 몸에 문제가 있다면 본질을 지킨다 해도 몸이 제 기능을 못 해서 효율이 떨어진다. 신진대사가 저하되면 몸의 신장과 장기들이 제 기능을 쓰지 못한다. 제대로 기능하지 못하면 혈압, 혈당, 콜레스테롤 수치가 올라가고 체중도 따라 올라간다. 먼저 몸이 제대로 작동해야 신진대사가 원활히 쓰이고 지방을 잘 배출하는 몸이 된다. 덜 먹고 더 움직이는 건 그다음 문제다. 본질을 바라봐야 한다.

진짜 문제는 2030 환자 대부분이 본인에게 당뇨가 있다는 사실을 인지조차 못 한다고 한다. 이제는 젊은 세대에서도 잠재적인 질환이 크게 늘고 있지만 대부분 방심한다. 갑상선 기능 저하증이나 다낭성 난소 증후군처럼 특히 호르몬 영향을 많이 받는 대사질환으로도 몸이 붓고 비만해질 확률이 높다. 대사질환으로 관리하는 사람이 쉽게 외식조차 못 하는 것만 봐도 외부 환경이 얼마나 자극에 노출되어 있는지 알 수 있다. 몸속 염증 개선이 먼저다. 염증을 없애고 독소 배출로 건강을 되돌리면 살은 알아서 자연스레 빠진다. 지름길은 없다. 바른길이 곧 빠른 길이다.

과거부터 현재까지 인류는 생존을 위해 변화해 간다. 이제는 비만이 개인적인 문제를 넘어 사회문제로 야기된다는 것은 생존을 위한 변화의 시발점이 아닐까. 현대사회가 정신적으로 신체적으로 취약한 환경을 만들지라도 목표로 하는 신체 건강이 있다면 몸도 정신도 목표와 가까운 '환경'으로 가야 한다.

우리 몸은
그 누구보다 정직하다

　감정관리처럼 신체 관리도 '받아들이기'가 먼저다. 질환, 질병이 있거나 비만하다면 부정하지 않고 받아들여야 개선할 수 있는 것처럼 이미 내가 먹은 음식, 먹고 싶다는 욕구는 사라지지 않는다. 이미 행동하거나 느껴진 일은 받아들이거나, 그대로 자연히 지나가게 두거나, 대체하거나, 채워줘야 사라진다. 자신의 전반적인 생활패턴과 감정 패턴을 먼저 점검하고 건강한 신체를 만드는 '환경'으로 가야 한다. 그렇게 생활 습관에 녹여서 어느새할 수 있는 몸의 환경을 만들어 줘야 혹독하지 않아도 쉬워진다. 그 후에는 디테일 개선만 해주면 된다.

〜〜〜〜〜 **자신의 의지를 믿으면 실패한다**

우리는 배부를 때 다이어트 결심을 하고 본능이 뇌를 지배할 때 이성을 잃는다. 그래서 자신의 의지를 믿으면 실패한다. 성공할지라도 금방 이전으로 돌아간다. 특히 충동적 기질과 극단적 성향이 두드러지는 이들에게는 더욱 힘들다. 신체를 건강히 관리하고 살찌지 않는 체질로 거듭나고자 한다면, 먼저 감정에 요동치거나 감정에 큰 변화 없이 관리하는 게 정신건강에도 몸 건강에도 좋다. 그렇게 감정이 안정되어야만 건강한 신체도 지속해서 안정적으로 유지할 수 있다.

사실 다이어트와 건강관리를 한다는 건 나와의 싸움, 나와의 약속이다. 앞서 다룬 내용처럼 극한으로 가지 않아도 아주 사소한 약속, 환경, 습관 등만 바꿔줘도 성공이다. 그런 명분으로 모든 '자기관리'는 얼마나 내 감정을 잘 다루어 내는지의 문제라 봐도 무방하다. 의지로 살을 뺄 수는 있어도 지속해서 유지하기는 더 어렵다. 아무리 감정을 잘 다루거나 자기 확신이 강한 사람이라도 의지라는 자원은 한정되어 있음에 지속해서 쓸 수 없다. 의지를 써서 자신을 계속 가둔다면 폭발할 수밖에 없다. 그로 인해 불타는 반짝 열정보다는 '지속성'이 핵심이다.

그러나 사람들은 자신이 의지가 없다며 자책하고 채찍질한다. '왜 자꾸 먹을까', '또 먹었어. 어떡해'라며 먹는 행위 자체에 스트레스받고 심지어 음식을 먹는 일에 죄책감을 느낀다. 식욕도 인간 욕구인 만큼 우리는 본능을 이길 수도 없고 이기려고 하는 자체가 문제다. 사람이라면 생존본능에 의해 식욕은 당연하다. 게다가 오감을 느끼며 살아가는 우리는 음식으로부터 받는 즐거움을 아예 뗄 수 없다. 응당 당연한 일에 죄책감을 느낄 필요도 스트레스받을 필요도 없다. 본능을 이기려 하면 파국이다. 본능을 '이해'하고 '인정'해야 해결책이 보인다.

〰〰〰 나와 맞는 성공법

모두가 처한 환경과 상황은 전부 다르다. 여성인지 남성인지, 직장인인지 자영업인지, 언제 얼마나 어떻게 누구랑 먹고, 자고, 활동하는지 등 24시간 내내 남이 나를 관찰할 수 없다. 한 사람의 삶을 자세하고도 빈틈없이 살펴본다면 결과의 원인과 이유는 분명히 있다. 그로 인해 남에게 어떤 게 맞고 틀리고를 쉽게 정의할 수 없다. 내가 나를 모르고 나의 감정과 신체를 모르면 이 말도 맞는 것 같고 저 말도 맞는 듯하다. 그렇게 이리저리 사람 따라 환경 따라 깊이 없이 남들의 성공법만 스친다.

게다가 살이 찐 이유도 다양하다. 염증 붓기, 호르몬 영향, 대사질환 등 내가 어쩌다가 비만해졌는지 파악하는 것도 중요하다. 배가 부를 만큼 '많이' 먹거나 쉴 틈 없이 '계속' 먹거나, 야식, 외식, 배달 음식과 친하거나, 활동량, 운동량이 너무 없거나. 이렇게 식사와 움직임의 속도, 빈도, 양, 질을 모두 따져봐야 한다. 간헐적 단식은 잉여에너지를 효율적으로 쓰기에 좋다지만 누구에게는 간헐적 폭식을 부르기도 한다(저혈당 이슈 등도 있다).

공통으로 적용되는 성공 기준으로는 수면패턴, 식사패턴이 일정하지 않다면 생활 방식을 일정하게 만드는 게 최우선이다. 불규칙적이고 일정하지 않은 생활패턴으로는 감정관리도 힘들고 신체 관리는 더욱 힘들다. 건강관리든 체지방 감량이든 나의 생활패턴을 분석하고 현재 상황에서 할 수 있는 행동으로 하나씩 개선해 가야 한다. 술 대신 운동이나 독서 등 다른 쪽으로 시선을 돌린다든지, 일주일에 한 번 외식했으면 두세 번은 가공되지 않은 음식들로 점점 늘려간다든지. 그렇게 나의 감정 상태와 환경, 수면, 스트레스, 식습관, 생활 습관, 공복혈당, 중성지방, 음주 등 내 몸에 영향을 주는 전반적인 모든 일을 '차근차근' 시행착오를 겪으며 상향 평준화시켜야 한다.

나만의 방법을 찾지 못한다면 어느 지시와 조언을 받아도 효과가 없다. 나의 방식을 찾았음에도 상황과 환경이 달라지면 또 바뀔 수 있다. 남의 성공이 곧 나의 성공도 아니다. 무분별하게 남들 뒤꽁무니를 따라가지 말고 하루 종일 나를 관찰하며 몸의 신호에 귀 기울여 찾아야 한다. 더욱 '자신의 돌봄'이 필요한 이유다. 지속할 수 있다는 것은 나와 맞는 방법이기도 하다. 공통적으로는 밑도 끝도 한도 없이 느껴보지 못한 피곤함이 끝을 달리기 시작하면 몸이 주는 경고다. 호르몬이나 면역계, 간이나 신장 중 어느 하나는 어느새 무리가 온다. 몸에서 회복하라는 필연적인 신호다. 그렇게 전반적인 삶의 지향점이 건강한 방향을 향해야 한다. 결국 스스로 몸의 신호를 무시하지 않고 지속할 수 있는 '나의 속도와 방법'을 찾는 게 성공의 핵심이다.

〰〰〰〰 '우리 몸의 지배자', 호르몬은 나를 조종한다

다이어트에도 유행이 있다. 한참 바디프로필 붐이 일더니 바프 부작용을 겪은 경험자들이 많아진 후로 '강박 없이', '지속 가능한' 다이어트가 유행했다. 예전에 한참 뜨던 원푸드나 초절식, 약물 등 건강을 해치면서까지 극단적으로 하던 잘못된 다이어트에 비하면 수준이 높아졌다. 요즘 키워드는 '혈당' 다이어트가 인기다. 혈당을 급격히 올리지 않기 위해, 흡수 속도를 늦추기 위해 먹는 순서도 달리한다. 채소같이 섬유질을 먼저 먹은 후에 단백질과 지방을 섭취하고 마지막에 탄수화물을 먹는 순서로 섭취한다. 이 방법은 실제로 혈당·체지방 조절에 도움을 주고 효과적인 행동 전략이 될 수 있다. 혈당 수치를 일정한 범위 내로 유지한다는 명분으로 저당 제품과 애사비(애플, 사이다, 비니거)를 찾기도 한다.

그러나 '혈당=다이어트'가 아니다. 특히 애사비는 위장이나 신장 관련 이슈가 있다면 조심해야 한다. 효소나 기타 다이어트 보조제, 애사비도 마찬가지로 결국 본질적인 부분을 보지 못하면 그저 마음의 안정 용도로 정신 승리에 기댈 뿐이다. 나에게

득이 될지 독이 될지는 나만이 알 수 있다. 혈당 다이어트가 인기리에 지속되고 있는 부분은 호르몬과 연관 깊다. 호르몬 균형을 안정적으로 만들어 식욕과 정신을 안정시키기 때문이다. 호르몬은 몸속 환경을 조절하는 하나의 메커니즘으로 작용한다.

이런 점에서 호르몬은 나를 조종한다. 신체 기능뿐 아니라 우리의 감정과 사상까지도 지배한다. 머리로는 알아도 행동이 힘들다면 호르몬이 불균형하거나 호르몬이 안정화되지 않은 이유가 크다. 호르몬의 균형은 신체 항상성을 유지하는 데 큰 역할을 한다. 특히 다양한 호르몬 중 아래 호르몬이 신체 관리 핵심이다. 각각의 호르몬이 제 역할을 하고 있는지 점검해 보자.

〰〰〰 내 신체와 정신을 다루지 못하는 첫 번째 원인은
세로토닌 호르몬

세로토닌은 행복 호르몬이라고 불리며 감정 조절에 영향을 준다. 약 90% 이상은 장에서 생성된다. 장은 감각 기관으로 제2의 뇌라고 불리기도 한다. 심지어 의학의 창시자 히포크라테스는 "모든 질병은 장에서 시작된다"라고 할 정도로 장 건강을 강조했다. 장내 미생물의 건강 상태가 정신건강과 뇌 기능에 관여한다는 점이다. 장내 미생물은 도파민 분비 조절까지 영향을 미친다. 특히 장 건강은 아이들의 면역기능에도 작용한다. 장내 환경개선이 필요하다. 장내 미생물이 불균형하다면 집중력 저하,

충동적 성향이 두드러진다. 행동할 수 있는 음식을 먹어야 하는 이유다.

〰〰〰 코르티솔 호르몬

코르티솔은 스트레스 호르몬이라고 불리며 스트레스를 받을 때 분비된다. 이 수치가 증가하면 혈압이 올라가고 소화로 가는 혈류는 줄어든다. 긴장감이 높아져 예민해지고 우울감이나 불안이 자주 느껴진다. 만성피로와 스트레스는 몸과 피부를 노화시키고 비타민 C가 고갈되고 염증도 쌓인다. 그로 인해 푹 쉬어도 피로가 안 풀리고 카페인이 있어야 활력이 난다. 체력과 소화기능도 같이 떨어진다. 잠을 못 자거나 정크푸드, 가공식품 등을 먹을 때는 더 많은 분비가 된다. 이런 점에서 정신건강에 좋은 음식을 먹어야 한다. 특히 이 호르몬이 많이 분비될수록 더 많은 지방을 저장하고 지방간을 유발한다. 악순환의 반복인 셈이다. 간에 미치는 여러 영향 중 에스트로겐과 더불어 코르티솔의 해독과 조절 기능은 특히 더 중요하다.

〰〰〰 인슐린 호르몬

인슐린은 혈당을 낮추는 역할을 한다. 인슐린이 불안정하면 체내 염증이 자주 발생하고 지방간의 원인이 된다. 인슐린 수치가 정상이라면 항염 작용으로 혈관을 청소하는 호르몬이라고 부르지만, 인슐린 분비량이 높은 인슐린 저항성 상태에서는 염증 호르몬이라고 부른다. 인슐린 저항성이 높으면 몸에서 지방을 저장하게 만들어 체중 증가와 당뇨로 이어진다. 대사 질환의 핵심은 피를 맑게만 해줘도 금방 좋아질 수 있다.

〰〰〰 렙틴 호르몬

음식이 계속해서 생각나는 것도 심리적인 이유가 너무 크다. 충분한 양의 음식을 섭취했음에도 음식이 쉴 틈 없이 당긴다면 렙틴 호르몬을 확인해 보는 게 좋다. 렙틴은 포만감을 느끼게 해주고 식욕 억제를 담당한다. 이 호르몬이 제 기능을 하면 적게 먹어도 포만감이 들고 식탐도 잠재울 수 있다. 그러나 렙틴이 고장 나면 식사 후에도 만족하지 못하고 끊임없이 음식이 들어가는 과식, 폭식을 부른다.

렙틴은 인슐린과도 밀접하다. 렙틴 저항성은 과식, 폭식, 나쁜 식습관이 누적되면 발생하기도 하지만 인슐린 저항성이 렙틴 호르몬의 기능을 떨어트린다. 특히 수면 부족은 렙틴 수치를 낮추고 신진대사가 저하되고 지방과 당을 더 필요로 한다. 수면 시간은 뇌에서 분비되는 호르몬에 영향을 주기 때문에 잠을 충분히 못 자면 식욕이 불안정하다. 늦은 밤 야식이 생각나는 것도 같은 이유다.

∼∼∼∼∼ 그렐린 호르몬

이와 반대로 그렐린 호르몬은 식욕 촉진 호르몬이다. 배부르게 야식을 먹고도 다음날 오히려 배가 고픈 현상이 나타나는 현상이 이 호르몬 영향 때문이다. 그렐린이 증가하면 공복시에 강한 배고픔을 느끼고 더 많은 음식 욕구가 생긴다. 평소 식습관이 불규칙하거나 굶는 다이어트로 식사를 자주 건너뛰면 뇌신경을 강하게 자극하고 그렐린 수치를 증가시킨다. 그로 인해 식욕 억제, 식이 조절이 힘들고 체중 증가로 이어진다. 충분한 수면은 렙틴과 그렐린의 호르몬을 균형 있게 만든다.

호르몬에서 중요한 것은 특정 호르몬이 좋으냐 안 좋으냐의 문제가 아니라 호르몬 사이의 '균형'과 '안정'의 문제다. 소개한 호르몬들이 불안정하다면 정서적 허기와 연관이 깊다. 호르몬 균형을 찾고 안정화하는 게 처음 순서다.

추가로 환경 호르몬은 멀리하는 게 좋다. 환경 호르몬은 몸속 호르몬과 유사한 구조로 호르몬 체계를 교란하고 결국 인간의 몸속까지 침투하고 있다. 환경 호르몬은 우리가 마시는 물, 음식, 공기 등 우리와 함께 존재한다. 여자라면 여성 호르몬도 공부해야 한다. 여성이라면 어쩔 수 없이 호르몬 영향을 받겠지만, 비만과 간 기능 저하, 환경 호르몬 등이 더 악화시킨다.

특히 요즘은 생리가 늦어지거나 불규칙한 여성들이 많다. 몸에서 보내는 이상 신호일 수 있다. 인슐린 호르몬이 제 기능을 못 하면 안드로겐 증가로 여성 호르몬 불균형에도 영향을 준다. 생리 주기 때마다 호르몬 불균형으로 몸은 불안함을 느끼고 수분과 지방을 필요 이상으로 저장한다. 그로 인해 생리 불순, 무월경, 다낭성 난소 증후군 등의 기간이 길어지며 비만해진다. 염증과 부기의 원인이 되기도 한다.

또한 세로토닌은 여성 호르몬인 에스트로겐과 관련 깊다. 그래서 유난히 생리 기간에는 감정 조절이 더 어려워지기도 한다. 더욱 정신건강에 안 좋은 음식을 피해야 하는 이유다.

비우기

〰〰〰 프레임 비우기 : 음식에 대한 관점

사실 절대적으로 나쁜 음식이나 먹으면 안 되는 음식은 없다. 조금 더 먹고 덜 먹는다고 찌고 빠지지도 않는다. 몸에 안 좋은 음식이 있는 건 사실이지만 당장 질환으로 엄격히 관리해야 하는 게 아니라면, 조절하는 것으로 충분히 건강한 식생활을 유지할 수 있다. 우리는 음식에 대해 유난 떨어 '적당히'가 어렵다. 그 유난은 강박이나 잘못된 생각으로 익숙해진다. 단백질 강박, 칼로리 강박, 몸무게 강박 혹은 이분법적 사고 등에서 벗어나 음식에 대해 자유로워질 필요가 있다.

어떤 음식을 먹든 '적당히'가 중요하며 뭐가 됐든 필요 이상으로 먹으면 찐다.

'이런 거 먹으면 살찌는데 먹어도 되나?'

이건 되고 저건 안 되고, 이건 살찌는 음식 저건 살 빠지는 음식으로 구분 지을 필요도 없다. 흑백논리로 전전긍긍하며 다이어트 성공 아니면 실패로 나누는 것 또한 실패의 원인이 된다. 또는 상황별로 희소성을 부여한다. 예를 들어, '여행'이나 '주말'처럼 평소보다 훨씬 더 많이 먹게 되는 상황이 발생한다. 다이어트 간식이나 단백질을 더 챙긴단 이유로 절대적인 '양'이 늘어나서 안 빠지는 경우도 있다. 밥은 줄이고 디저트를 먹으며 살이 왜 안 빠지는지 의아해하기도 한다.

더구나 '오늘까지만 먹고 내일부터 다이어트' 가장 좋지 않은 프레임이다. 아주 극단적으로 가는 지름길이다. 그렇게 다시 오늘까지만을 외치며 다이어트가 목적인 삶을 연명하게 된다. '알면서도' 절식과 과식의 굴레를 끊지 못하고 계속해서 자극을 찾는다.

건강한 식사와 체중이 줄어드는 식사도 다르다. 체중을 줄이기 위해서는 탄수화물 제한식이나 소식으로 조절이 필요하다지만, 건강한 체중 감량을 위한다면 음식에 대한 특히 '탄수화물'에 대한 두려움부터 배제해야 한다. 우리 몸은 극히 낮은 영양 섭취로 너무 안 먹어도 스트레스 호르몬이 커지고 위험신호를 감지하기 때문이다. 그로 인해 신진대사(기초대사량)를 낮추고 에너지 소비를 아끼기 위해 지방을 축적하려는 성질을 갖는다. 즉 적게 먹어도 살이 더 잘 붙는다는 뜻이다.

따라서 불온한 강박과 흑백논리는 지양하는 게 좋다. 강박 없는 건강한 식생활 속에서도 자신과 맞는 방법이 있다. 나도 음식이 무서웠던 적이 있었다. 폭식과 절식을 반복하니까 음식만 보면 이성이 풀리고 본능이 뇌를 지배했다. 보상 심리가 발동할까 봐 약속이나 모임, 여행을 가는 것조차 무서웠다. 살을 빼고 난 후에는 다시 그때로 돌아가지 않으려 음식에 집착했다. 한 끼 한 끼를 소중히 챙겼다. 늘 관리한다는 명분으로 맛없는 음식으로 배를 채우면 억울하기 그지없었다.

그러나 지금은 음식에 연연하지 않고 음식의 맛을 음미하며 그저 적당히 즐긴다. 음식에 미련이 없으니 배부를 때 숟가락을 놓을 수 있고 저절로 소식이 가능하다. 음식은 이따가도 먹을 수 있고 내일도 먹을 수 있기 때문이다. 가끔 과식해도 금방 본래의 상태로 되돌아올 수 있다. 사 먹거나 외식도 그것대로 편하고 즐길 수 있는 가치 있는 일이다. 상황에 따라 정답은 다르겠지만 확실한 건 심리적인 요인이 많이 작용했다는 점이다.

사실 우리는 사회생활 특성상 회식과 모임, 약속 등으로 외식이 있을 수밖에 없다. 그래서 아예 안 먹을 수는 없겠지만 그렇게 빠질 수 없는 자리라면 그저 즐긴다. 음식에 대한 시각을 달리하자.

〜〜〜〜〜 자극 비우기 : 다양하고 맛있게 입맛 바꾸기

다이어트 식단을 떠올리면 야채와 닭가슴살 등 맛없는 식단이 생각난다. 그게 다이어트 실패 원인 중 하나다. 우리는 맛없는 음식을 매일 같이 억지로 먹을 수 없다. 평소 자극적인 음식들만 먹다가 살 뺀다고 갑자기 맛없는 음식을 먹으려니 며칠 먹다 원래 식생활로 되돌아간다. 건강관리도 하고 체지방도 줄이려면 맛과 식감에 대한 만족감과 풍부함을 채워주고 다양하고 맛있게 먹어야 질리지 않는다. 꾸준히 지속할 수 있다는 뜻이다.

그러나 입맛은 하루아침에 바뀌지 않는다. 처음에는 심심한 간과 자극적이지 않은 음식들이 모두 맛없게만 보인다. 자극에 끊임없이 노출되니 자연식이 맛없게 느껴질 뿐, 자연식도 먹다 보면 자연스럽게 몸에서 자연식을 원한다. 공복에 먹으면 간이 더 세게 느껴지는 것처럼 전반적으로 입맛이 싱거워져 어쩌다 달고 짜고 매운 음식을 먹게 돼도 과하게 느껴진다. 나도 달달한 빵과 케이크를 좋아하고 크림 듬뿍 올라간 프라푸치노를 찾아 먹던 때가 있었다.

그러나 자연식과 친한 지금은 그 욕구가 놀랄 정도로 줄었다. 몸과 정신이 굉장히 피로한 날 어쩌다 한 번씩 당길 뿐, 자극적인 음식을 봐도 니즈가 없다. 먹고 싶고 생각나는 음식 욕구도 치킨이나 엽떡보다 지중해식이나 구운 야채, 생선, 담백한 한식 등의 음식이 더 당긴다. 자연 식물식과 지중해식도 좋지만 관리하기 좋은 대체품도 많이 나왔다. 대체식품이나 대체 감미료를 적절히 사용하면 좋다. 무엇보다 건강한 식재료로 요리해 먹기를 단연 추천한다. 요리 앞뒤로 재료 준비와 손질에 치울 것도 많고 시간과 귀찮음까지 에너지가 많이 들지만, 조금의 수고로움은 뿌듯함으로 다가온다.

건강한 요리는 생각보다 꽤 간단한 요리도 많다. 또한 다양하고 건강한 식재료로 내 입맛에 최적화된 레시피는 내 세상을 넓혀준다. 배달 음식이나 외식 등은 좋은 재료로 만들기 어렵다. 좋은 식재료로 원하는 간에 맞춰 먹다 보면 그저 자극적인 음식이 아닌 내가 진짜로 선호하는 음식, 추구하는 입맛이 뭔지도 알게 된다. 스스로 나를 챙기고 대접해 주는 경험에 소비하는 귀하고 가치 있는 일이 된다. 게다가 자연식을 먹거나 요리하면 입맛도 많이 바뀌지만 외식과 배달 음식이 자연스레 줄어들어 일석이조로 돈도 절약할 수 있다. 결과적으로 다양한 식재료, 조리방법(찌고, 삶고, 데치고 등)과 식감(바삭바삭, 포슬포슬, 쫄깃쫄깃 등), 맛까지 더해서 다양하고 맛있게 먹어야 오래 관리할 수 있다.

입맛이 바뀌고 식욕이 날뛰지 않는다는 것은 호르몬 균형이 회복되고 안정됐다는 신호다. 건강에 가까워져 다이어트가 제대로 되고 있다는 뜻이다. 바로 바꿀 수 없겠지만 하나씩 차근차근 바꾸다 보면 서서히 바뀐다.

〰〰〰 독소 비우기 : 배출과 순환

순환이 잘 되려면 몸의 오장육부가 서로 소통을 잘해야 한다. 심장과 간, 위와 장 그 어느 하나 안 중요한 것이 없다. 독소를 비워내 혈액이 잘 흐르고 영양분이 잘 들어오도록 상호작용이 필요하다. 간은 방패와 같은 역할로 우리 몸을 지켜내고 정화하는 역할을 한다. 간이 제대로 기능하지 못하면 술을 마시지 않아도 간에 지방이 쌓이는 비알코올성 지방간에 노출된다. 술을 마시지 않아도 술 마신 몸이 된다는 뜻이다. 비알코올성 지방간은 당뇨, 고지혈증 등 대사질환이 주요 인자로 큰 원인은 비만이다. 그렇게 간 기능이 저하되면 혈당이나 콜레스테롤 수치도 올라가고 덩달아 체중도 늘게 된다.

아울러 인슐린 호르몬의 기반에는 혈당이 있고 혈당조절의 핵심은 과당이 크다. 과당은 노화를 부추기고 비만에 가장 치명적이라고 볼 수 있으며 가장 위험한 당류로 구분된다. 흰 설탕은 독이라고 주장하는 전문가들도 많다. 설탕은 신경계와 밀접하고 혈당을 급변하게 만들기 때문이다. 아침에 설탕을 많이 섭취한 아이들은 학업 성취도가 낮으며 과잉행동과 주의력 결핍으로 나타난다는 연구도 많다. 더불어 과한 당 섭취로 인해 초경이 빨라졌다. 특히 액상과당이 위험하다. 실제로 내가 설탕과 매일 붙어 지내던 학창 시절에는 인지력 부족과 함께 집중력 저하, 충동적 성향이 더욱 크게 두드러졌다. 지금은 나도 내 몸에 직접 실험해

보고 공부해 보면서 설탕을 멀리하고 정크 푸드와 식품첨가물은 주의한다. 원재료와 영양 성분표를 보는 게 습관이 됐다.

그중에서도 절대적으로 멀리하는 식품이 하나 있다. 바로 당류 함량 높은 액상과당 잔뜩 들어간 '음료'. 아무래도 액체 상태로 이미 분해된 액상과당은 몸에 흡수되는 속도가 빠르다. 아무 영양가 없는 끈적한 설탕이 몸속을 헤치며 빠르게 흡수돼 혈액을 피떡 상태로 만든다고 생각하면 공복에 과자든 아이스크림이든 먹을 수 없다. 밥맛도 잃는다. 우리 주변은 액상과당으로 차고 넘친다. 특히 한국인이 좋아하는 식사 후 믹스커피 마시는 습관도 치명적이다. 일명 '혈당 스파이크'를 유발한다. 당뇨인이 아닌 일반 사람도 혈당을 급격히 올리고 내리는 환경에 자주 노출되면 좋지 않다. 평생을 살아가며 아예 안 먹을 수 없겠지만 먹는 날은 주의하고 조절한다.

과당은 설탕에만 있지 않다. 가공식품, 시리얼, 올리고당이나 물엿 등 양념에도 포함되어 있다. 심지어 과일에도 있다. 과일에는 영양소가 다량 들어있어서 적정량만 섭취하면 좋지만 1~2개 정도로 매우 적은 양이다. 특히 같은 과일이라 해도 과일주스나 말린 과일은 말리고 싶다. 과당은 포도당과 다르게 에너지로 쓰이지 않고 간으로 직행하기에 과당을 다량 섭취하면 중성지방을 저장해 지방간을 유발한다. 그로 인해 설탕 섭취량을 줄이기 위해 대체 감미료가 대거 등장했다. 하지만 안전성의 논란이 불거지기도 했다.[1] 특히 아스파탐, 아세설팜 K, 수크랄로스, 말티톨 (소화 후 포도당으로 전환)은 두통이나 복통을 호소하기도 하며 과다 섭취 시 소화기 문제를 나타낸다. 비교적 안전성이 높다고 알려져 있는 알룰로스, 몽크프룻(나한과), 스테비아, 에리스리톨 등이 최선이지만 뭐든 과유불급이다(암 환자는 인공감미료 섭취에 주의 필요). 대체 감미료는 설탕의 완벽한 대안이 아닐 수 있다. 무엇보다 웬만하면 단맛의 갈망에서 벗어나는 것을 추천한다.

추가로 튀김에 들어가는 염증 폭탄 콩기름, 카놀라유, 포도씨유 일명 '팜유'는 주방에서 당장 버려야 한다. 소금은 조절이지만 설탕과 나쁜 기름은 조심하는 게 좋다.

---

1) 제시 인차우스페, 조수빈 역, 《글루코스 혁명》, 아침사과, 2022, p.177.

채우기

~~~~~~~~~ 영양 채우기 : 과잉 아닌 부족

우리는 영양 '과잉'이 아닌 '부족'으로 관리가 어렵다. 예전과 다르게 이렇게나 먹을 게 널려있고 과잉 섭취해서 문제라는 데 영양이 부족하다니. "잘 먹고 잘 자고 잘 싸야 한다."라는 말은 저속한 표현일지라도 진리다. '잘 먹는다' 많이, 계속, 끊임없이 먹는 게 아니라 영양가 있는 음식들 위주로 영양성분을 골고루 챙겨 먹어야 한다는 의미다. [1]

게다가 잘 소화하겠다고 가루 효소를 먹고 잘 배출하겠다고 식이섬유 분말을 챙겨 먹는다. 효소나 소화제를 먹는 게 아니라

---

1) 에이미 샤, 김잔디 역, 《나는 도대체 왜 피곤할까》, 북플레저, 2024, p.217.

포만감을 높여주는, 소화가 잘되거나 열량이 낮은 음식들로 조절해야 한다. 진짜 음식에 들어있는 식이섬유를 챙기고 지중해식 영양소를 채워야 한다. 본질을 보지 못하면 아무리 영양제를 때려 넣어도 소용없다.

세계적으로 25개국 이상에서 발표하는 식품 피라미드 꼭대기는 제한해서 섭취해야 하는 식품들로 위치한다. 아래쪽은 매 식사에 포함해야 하는 채소나 견과류 등 지중해식으로 구성되어 있다. 그러나 현대사회는 그와 반대로 섭취하는 셈이다. 현대의 식탁은 고탄수화물, 고지방, 과식과 밀접하며 영양소를 편중시킨다. 사실 매끼 탄수화물, 단백질, 지방, 비타민, 미네랄 등 필수 영양소를 모두 고려해 식탁을 채우는 일은 쉽지 않다. 칼로리는 과하게 축적돼 있으나 정작 몸에 필요한 비타민 C, D…, 오메가3 등의 영양은 부족하다. 즉, 내가 섭취하는 영양분의 유형과 식품에 대해 잘 알고 있어야 지속적인 관리가 가능하다. 그러기 위해서는 식품 뒤에 원재료와 성분표를 습관적으로 보는 게 좋다. 사실 필수로 봐야 한다고 말하고 싶다.

특히 십자화과(배추, 청경채 등)를 단연 최고로 추천한다. 십자화과 채소는 혈관 청소부, 염증 청소부로 불리기도 한다. 갑상선이나 신장 문제가 있다면 과잉 섭취를 주의하고 끓는 물에 살짝 데치거나 쪄서 먹는다. 섬유질은 장내 유익균이 좋아하는 먹이가 된다. 나아가 탄수화물 흡수를 늦춰 체지방 조절과 배변 활동에 도움이 되고 콜레스테롤, 혈당을 조절한다.

그러나 탄수화물을 멸시하며 비정제 탄수화물까지 제한하는 경우, 자연 그대로의 섬유질까지 놓쳐버린다. 통곡물 식이섬유를 챙겨야 한다. 식이섬유는 두 가지 종류로, 하나는 수용성 또 다른 하나는 불용성 식이섬유로 나뉜다. 두 가지의 섬유질이 적절히 균형을 이루는 게 좋다. 두 식이섬유가 조화롭지 못하면 채소나 과일에 들어있는 섬유질을 충분히 섭취함에도 변비, 복부 팽만 등이 있을 수 있다.

사실 우리는 알고 있다. 섬유질은 늘리고 탄수화물은 줄이고 나쁜 기름은 피하고 적당한 단백질을 채워줘야 한다는 것. 모두 '행동'을 기반으로 둔다.

〰〰〰 지식 채우기 : 아는 만큼 행동한다

음식에 대한 지식을 얻으면 더 손쉬운 관리가 가능하다. 왜 좋은지도 모르고 남들처럼 먹거나 남들 따라 안 먹는 건 추천하지 않는다. 음식의 경험치를 올려 '내 몸'에 좋은 음식, 콜레스테롤을 낮추는, 숙면할 수 있는, 항산화 성분 높은 활성산소 제거 음식, 해독 음식 등등에 대한 지식을 채워야 우리 몸과 마음을 병들게 하지 않는 음식들로 균형 잡힌 식사를 늘릴 수 있다.

제일 먼저, 우리가 좋다고 챙기는 단백질은 모두가 잘 아는 닭가슴살이 있다. 닭가슴살에 들어있는 단백질은 100g당 약 23g

을 제공한다. 이 밖에도 닭, 오리, 소, 돼지, 칠면조, 해산물, 생선, 참치, 두부, 계란 등의 단백질 공급원이 있다. 이 사실을 모르고 단백질을 챙기면 대부분 닭가슴살만 찾는다. 또는 닭가슴살 외에는 살찐다고 오해한다.

예컨대, 연어는 오메가3 지방산이 풍부함에도 100g당 약 25g 이상의 단백질을 함유하고 여러 비타민과 미네랄, 기타 영양소의 훌륭한 공급원이다. 그러나 수은 함량으로 인해 임산부나 어린이는 다량 섭취를 권장하지 않는다. 현대인은 오메가6 섭취가 과해서 상대적으로 놓치기 쉬운 오메가3를 따로 챙기는 게 좋다. 물론 생선이나 해산물과 같은 진짜 음식으로 말이다. 특히 염증 조절에는 오메가3와 오메가6의 비율이 1:4 정도로 적절히 유지해야 한다.

한편 "다이어트 중인데 무슨 삼겹살을 먹냐" 할 때, 그 삼겹살에는 비타민 B군이 풍부하며 에너지 대사에 필수 역할을 한다. 에너지를 유지하면서도 피로감을 줄이고 불포화지방의 비율이 높아서 건강한 지방을 제공한다는 장점도 있다. 지방은 에너지원으로 필요한 성분이다. 철분이나 인, 아연 등의 미량영양소도 들어있어 면역체계를 지원한다. 같이 먹는 밥이나 냉면, 듬뿍 올린 쌈장 등과 곁들여서 먹거나 많이 먹으니까 문제지, 적당히 과하지 않으면 에너지 효율을 높이면서도 삼겹살로 충분히 관리가 가능하다는 뜻이다.

당 대사가 아닌 지방 대사를 쓰는 사람에게 건강한 지방 섭취는 더욱이 효율적이다. 그러나 삼겹살은 히스타민이라는 성분이 많아서 민감한 사람에게는 부작용으로 작용할 수 있다. (키토식이나 카니보어는 히스타민 레벨을 염지로 낮추기도 한다)

또한 적색육은 조리 방법에 따라 만성염증을 일으키는 당 독소(최종당화산물, AGE)를 생성하기도 한다. 당 독소는 주로 조리 과정에서 발생하는데, 고온의 열을 가해 굽거나 튀기는 방식으로 열처리 과정에서 변성된 물질(독소 물질)이다. 온도가 높을수록, 오래 조리할수록 더 많이 발생하며 가령 캐러멜라이즈나 마이야르 반응, 노릇노릇하게 굽거나 튀긴 음식 등에 많다. 당 독소는 설탕보다 더 위험하다는 연구 결과도 있으며 당뇨와 암 발생 등과도 밀접하다.

당 독소 해결법은 조리 방법뿐이다. 이를테면 직화구이보다 수육으로 섭취하기를 택한다. 이 밖에도 수분으로 데치거나 삶는 방법, 낮은 온도에서 익히거나 찌는 방법, 가열하지 않고 무치는 방법, 날것 그대로 섭취 등을 이용한다.

추가로 극히 낮은 체지방률은 피로와 면역력 저하에도 관여하며 호르몬 불균형, 체온 조절 및 보호 등 여러 문제가 생길 수 있다. 남성은 15~18%, 여성은 22~24% 정도의 체지방률을 유지하는 게 이상적이다.

여성이라면 사실상 유제품도 주의한다. 유제품과 여성질환의 상관관계는 지속적인 연구가 나오고 있으며, 실제로 일부 연구에서는 유방암, 난소암, 자궁내막암 등 유제품을 더 많이 섭취하는 여성이 여성 질병의 위험을 높인다는 사실이 밝혀졌다. 그러나 유제품과 여성질환의 상관관계는 더 많은 연구 결과로 진위 여부가 가려져야 한다.

이렇게 따지고 보면 먹을 것 하나 없고 모든 음식이 못 먹을 음식이 되지만, 그 안에서도 어떤 걸 선택하고 조절할지 그 또한 자신의 몫이다. 게다가 그냥 막연히 좋고 안 좋고 정도만 아는 것과 명확히 알고 먹는 것은 차이가 크다.(많은 지식은 때때로 받아들이지 못 하거나 강박이 될 수 있으니 주의한다) 일단 지식을 채우고 그 안에서 더 나은 선택을 할 뿐이다. 좋고 나쁨을 구분 지을 필요 없이 몸에 잘 받아들여 대사를 잘할 수 있는 사람과 아닌 사람으로 나뉠 뿐이다.

이렇게 알고 있는 것만으로 상황에 따라, 내 몸 상태에 따라 나한테 맞는 식사를 설정할 수 있고, 다양한 영양분을 채울 수 있다. 다양하면 질리지 않아서 관리가 즐겁다. 즐거워야 오래 관리할 수 있고 습관이 된다. 그래서 '다이어트 중에 이런 음식 먹어도 되나요?', '오트밀은 혈당 튄다는데 괜찮을까요?'와 같은 질문은 아무 의미가 없다. 아무리 물어봐도 한 사람의 식생활과 생활 습관, 질환, 체질 등까지는 전반적으로 모른다. 평소에 어떤 걸 먹는지, 오늘만 먹는 건지, 어떤 음식들을 몇 시간 간격으로 먹는지, 어떻게 운동하는지, 잠은 얼마나 자는지 도통 알 수 없기 때문이다.

따라서 다이어트 PT를 받더라도 당신의 생활을 궁금해하고 삶을 생각해 주는 담당 트레이너를 만나는 게 좋다. 영양은 챙기되 조리 방법과 양만 조절하며 적당한 운동을 병행하면 충분히 몸 관리가 가능하다(그게 어렵겠지만).

결국 나를 알고 나와 맞는 식생활, 습관 등을 알아야 그에 맞는 행동을 할 수 있으며 지식을 채워야 선택지의 폭이 넓어진다. 그 결과 상황에 따라, 내 몸 상태에 따라 나에게 맞는 더 유리한 선택을 할 수 있으며 나만의 노하우가 생긴다. 아울러 남의 지식을 폄하하지 않는 열린 태도를 유지할 수 있다.

～～～～ 산소 채우기 : 운동과 순환

운동은 좋은 방향으로 가기 위한 하나의 방법일 뿐, 운동만으로 체지방을 줄이거나 증량을 하기는 쉽지 않다. 결국 음식 조절이 없다면 체중 조절은 불가능에 가깝다. 운동과 식사는 각각 별개로 보는 게 좋다. 특히 '유산소'가 체지방 소모량을 늘리는 것도 맞으나 '살 빼기'와 '몸무게'라는 결과에 집중하면 소모성으로 끝나는 운동일 뿐이다. 혹은 내가 먹은 음식들을 '죄책감'을 덜기 위한 이유로 유산소를 지속한다면 스트레스만 커진다. 이렇듯 결과만을 위한 운동은 한두 번은 괜찮을지 몰라도 운동시간을 과하게 늘리게 되거나 극단적인 식단으로 가는 지름길이다.

유산소는 심폐기능과 체력, 두뇌 기능 등을 위해 하는 게 좋다. 없는 시간 쪼개서 하는 운동인데 불구하고 근력 없이 유산소만 하면 쉽게 지쳐 오래 못한다. 효율도 안 나올뿐더러 근육을 지키지 못하면 요요현상도 훨씬 쉽다. 결국 근력을 통해 근 밀도와 신진대사율을 높여야 심장 강화 운동(유산소)도 지속하는 힘이 생긴다. 근력은 곧 대사량이다.(적게 먹어도 살이 더 잘 빠진다) 더불어 근력은 곧 효율이다. 일상을 지탱해 주고 행동을 잘해 낼 기반이 된다.

그에 비해 근력이 심히 없다면 체력의 배터리가 빨리 닳게 된다. 같은 활동을 하더라도 에너지를 제대로 만들지 못해 충전도 안 되고 방전도 빨리 된다. 에너지 회복도 느리다. 밤에 숙면이 어려운 것도, 하루 종일 피곤한 것도 근력 부족 때문일지 모른다. 걷기조차 힘들어서 10분 거리도 차를 타고 서 있으면 앉고 싶고, 앉으면 눕고 싶다. 일찍 자도 많이 자도 졸리고 체력이 안 따라줘서 퇴근하고 아무것도 못 하고 자꾸 눕는다.

그렇게 행동의 빈도와 연속성이 떨어지고 승부 따위 상관없게 된다. 체력이 없으면 정신력도 없다. 나아가 근력이 부족하면 몸이 계속해서 고장 난다. 소화불량이나 어깨결림, 두통, 무력감 등과 더불어 면역이 없어 감기도 자주 오래 걸린다. 신체 활동이 적은 상태는 신장으로 가는 혈류가 줄고 신진대사를 망가뜨린다. 심지어 섬유질을 충분히 섭취해도 장시간 앉아 있어 장기가 눌리고 몸의 활동성이 없어 장의 움직임도 느려진다.

따라서 "운동 얼마나 해야 해요?", "무조건 1시간 이상 해야 효과 있나요?" 따위의 질문도 의미 없다. 운동은 결과나 효과를 바라지 말고 일주일에 한 번이든 두 번이든 시간 날 때마다 해야 한다. 근력, 유연성, 기능성, 저항성 훈련은 다 필요한 운동이지만 자신에게 맞는 운동은 즐겁게 꾸준히 지속 가능하다.

결국 다양한 운동을 배우는 데 돈과 시간을 쓰는 게 좋다. 근력 운동을 처음 한다면 근육통이 심했을 때 아예 그만둬 버리게 될 수 있다. 몸 상태를 봐가며 적응한 후 운동량을 늘려간다. 그 후로 몸 사용법의 디테일 개선을 통해 양질 전환한다. 몸 사용법은 신경, 관절, 근육 사용법이다. 신진대사를 살려내면 자연스레 대사질환과 멀어지는 것처럼, 근골격계 질환 또한 몸 안쪽부터 원활하게 흐르고 순환돼야 바깥 기능도 잘 쓸 수 있다.

기본적으로 '시림'과 '저림'은 신경이 막힌다는 신호와 가깝다. 신경과 관절이 제 기능을 잘 해내면 근육 붙이기는 어렵지 않다. 덧붙여서 하체 비만은 무엇보다 순환에 집중해야 한다. 주 6일 근 비대, 근력, 유산소 등등 운동을 달고 살아도 따로 순환에 노력을 쏟지 않으면 소용없다. 특히 스트레칭, 마사지 등으로 붓기와 순환에 신경 써 줘야 한다.

몸과 마음의 건강은 내가 나답게 살 수 있는 첫 번째 조건에 해당한다. 따라서 자기 관리를 통해 몸과 마음을 채우는 일을 습관화해야 한다. 내 일상 안에 녹아들어 내가 자기 관리를 하고 있는지도 모를 정도가 되어야 한다. 결국 몸 근육도 마음 근육도 음식과 운동이 답이다.

5장

시간 관리

타임리밋을 정한
시간 확보

현대 기술은 시공간을 압축적으로 쓸 수 있게 도와준다. 실용적이고 편한 아이템들과 다양한 앱(app), 쉽게 찾을 수 있는 수많은 정보까지. 일상에서도 업무에서도 삶의 질을 올려주고 시간을 효율적으로 아껴준다. 그럼에도 우리는 항상 바쁘고 늘 시간에 쫓긴다. "시간이 없다"라는 말을 입에 달고 살기도 한다.

그러나 우리는 진정으로 중요하거나 가치 있다고 생각하는 일에는 시간이 있다. 그 가치는 사람마다 다르고 자신이 목표로 하는 일에 시간을 투자한다. 인생 주기에 따라 책임이 늘어나거나 삶의 목표와 상황이 달라지면 시간투자처가 달라지기도 한다. 목표가 있음에도 충분한 시간과 여유를 확보하지 못하면 시간 정리가 안 된다. 뭘 한 건지 모르게 정신만 어지럽고 효율성이 떨어진다. 모두 공평하게 주어진 24시간이지만 누구는 생산성 있는 삶을 살고 누구는 바쁘니까 힘드니까 정신이 없어서 시간을 도둑맞는다.

따지고 보면 시간 자체가 부족한 게 아니라 시간 '정리'가 안된 것이다. 그 시간을 활용하는 삶의 방식을 재정비해야 할 때가 아닐까. 시간 관리의 핵심은 시간과 에너지를 어디에 어떻게 쓸 건지 선택하는 일이다. 철저하게 빈틈없이 더 열심히 일하는 게 아니라 더 스마트하게 영위하기 위함이다. 정신적으로 자신을 잘 다뤄야 지속해서 성장하고 발전이 가능한 것처럼, 근본적으로 시간을 잘 다뤄야 생산성을 극대화하고 원하는 결과를 달성할 수 있다. '행동'을 위해서는 감정 정리처럼 시간도 정리해서 써야 어수선하지 않은 하루를 보낼 수 있다.

〜〜〜〜 분명한 목표설정

시간 관리 전에 분명한 목표설정이 먼저다. 명확한 목표설정은 자기 파악과 자기 신뢰에서 나온다. 자신이 진정으로 원하는 게 뭔지 모르면 말과 행동이 다르고 행동에 격차가 생기기 때문이다. 믿음이 부족하고 의심이 비집고 들어오면 행동에 시간을 쓰지 않는다. 행동은 자기 믿음의 반영이다. 내가 왜 시간 관리를 하는지. 왜 해야 하는지부터 자신만의 가치 기준에 따라 명확히 파악해야 한다. 자신의 가치 기준이 분명해야 장기적으로 지속해서 행동할 수 있다. 나아가 내가 하는 '행동'에 책임감이 생기고 목표 달성 방법과 방향을 구체화할 수 있다. 그렇게 행동에 따른 결과를 얻을 확률이 커진다. 어떤 목표를 세울 건지 정하고 큰 틀에서 작은 틀로 점점 채워나간다.

하이럼 스미스의《성공하는 시간 관리와 인생 관리를 위한 10가지 자연법칙》에서는 성공과 자기실현의 토대가 지배가치라고 말한다. '지배가치-장기목표-중간목표-일일업무'의 생산성 피라미드 구조에 따라 순서대로 맨 아래의 지배가치부터 정해야 한다. 본질적인 지배가치를 파악하고 장기목표를 계획하고 중간목표의 일정을 짜고 일일 업무를 행동한다. 이에 따라 생산성 피라미드는 인생의 나침반 역할을 해주는 자기실현 피라미드가 된다.

얼마 전 '미라클 모닝'이 유행한 적이 있었다. 미라클 모닝이 '왜' 필요한지 나에게 맞는지부터 분명해야 한다. 나처럼 한없이 게으르고 귀찮은 사람은 책임이 부여된 일이 아니면 새벽에 일어나는 자체가 불가능하다. 또한 내가 정한 목표와 생산적인 시간 확보는 아침이 아니고서도 할 수 있는 일이다. 새벽 5시 기상처럼 표면적인 숫자는 중요하지 않았고 큰 의미는 없었다. 맞지 않는 생활 패턴은 수면 패턴을 어지럽혀 일상생활마저 흐트러질 수 있다. 그렇게 억지로 끌고 가다 보면 죄책감마저 든다. 시간도 남들 따라 쓰지 말고 자신에게 맞는 시간을 써야 한다. 무리

해서 아무 옷이나 입지 말고 자신과 맞는 옷을 입고 행동의 본질을 봐야 한다.

〰〰〰 하루의 맵시 : 시작과 끝 정리

정신없이 시작하는 아침, 분주하고 무질서하게 지나가는 아침은 많은 사람에게 급하게 지나가는 시간일 뿐이다. 그러나 잘 정돈된 아침은 몸과 마음을 정돈해 준다. 뻔한 리듬의 고요함으로 하루를 시작하는 일은 단지 잠뿐 아니라 몸과 정신을 깨워주고 평온하게 제 기능을 할 수 있게 도와준다. 나아가 하루를 정돈하고 인생을 잘 정돈해 준다.

반대로 눈 뜨자마자 영혼 없이 스마트폰으로 시작하는 하루. 시간 가는 줄도 모르고 뭘 먹을지 고민하다 시간도 밥도 대충 때운다. 기계처럼 일하고 기계처럼 쉬면서 흘러가는 대로 시간을 소비한다. 그렇게 손가락 사이로 빠져나가는 모래처럼 버려지는 시간을 눈치채지 못한 채로 의욕 없이 드러눕는다. 정리되지 않은 저녁 또한 다음날 정리되지 않은 아침으로 연결된다.

시작과 끝은 하나다. 에너지 없는 하루의 끝, 저녁에 먹은 음식과 나의 청결 상태, 공간의 부재도 부정적인 영향을 준다. 전날 저녁에 배불리 먹어 더부룩하고 무거운 몸으로 하루를 시작하거나, 치우지 않은 물건들이 쌓여있거나, 씻는 것도 미루다가 제대로 씻지도 않고 일어나자마자 초토화된 상태를 마주하거나,

술 마신 다음 날 맑지 않은 정신이 그날 하루를 결정짓는다. 일요일 저녁이 피곤하면 월요일 아침까지 피곤함으로 엮인다. 하루의 시작부터 부담스러운 감정이 들고 비워내는 일로 에너지를 뺏긴다.

하루의 시작과 끝, 둘 중 하나라도 가지런히 다듬는 게 좋다. 나의 아침은 환기를 시키고 가지런히 정돈된 이부자리를 보며 마음도 정돈한다. 하루를 시작하기 전에 유산균과 미지근한 물한 잔으로 신진대사와 정신을 깨워준다. 공복 첫 끼니는 부드러운 야채찜이나 야채 스무디로 시작한다. 아침 시간과 생활패턴을 가지런히 다듬는 일은 몸과 마음을 단정히 해준다. 그다지 의미 없어 보이는 아주 사소한 일일지라도 긍정의 감정으로 '시작'하고 '마무리'하는 일은 긍정으로 연결된다. 모든 일은 이어진다.

～～～ 메모와 기록 : 하루 할 일 정리

오늘 하루 할 일을 모조리 적는다. 해야 할 일부터 집안일, 오늘 먹을 음식까지 사소한 일도 놓치지 않고 쓴다. 굳이 아침이 아니더라도 자기 전에 다음 날 할 일 목록과 식사 등을 미리 적어놓고 자도 좋다. 감정 일기나 감사 일기가 아니더라도 적고 쓰는 일은 뭐라도 좋다. 할 일을 쓰고 생각나는 대로 메모하고 기록하는 습관을 들이는 게 좋다. 오늘 하고 싶은 일이나 해야 할 일을 메모한 후에는 우선순위를 설정한다. 특히 나의 지배가치를 기반으로 중요한 일에 하나씩 가치를 부여하고 지워나간다. 어떤 것을 선두로 해야 하는지 수치화를 통해 다시 가치판단을 해도 좋다.

그러나 적고 쓴 것들을 완벽히 지키지 않아도 된다. 엄청난 성과를 바라고 하는 게 아니라, 뭔가를 해내려고 하는 게 아니라 그저 행동의 성취만을 느낀다. 애초에 시간 관리 핵심은 목표의 효율과 효과를 위한 일이다. 목표로 한 '행동' 그 자체만 취하면 된다. 그렇게 정리라는 행동을 통해 100점짜리 하루가 아니라 마이너스로 가지 않는 게 더 중하다. 하루를 정리함으로써 시간이 정리되고 인생이 정리된다. 하루가 가지런하게 채워짐으로써 생산성과 효율성을 챙기고 행동의 효과를 증대한다.

〰〰〰〰 오늘 행동 : 미루기 극복

"오늘만 먹고 내일부터 살 뺄 거야"

"내일부터 운동해야지"

"내일부터 술 끊는다"

우리에게 너무 익숙한 말이다. 오늘 안 하면 내일도 안 한다. 그렇게 끝없이 미루고 결국 못 한다. 목표를 세우고 계획하고 다짐했으면 오늘 당장 해야 한다. 그때 효과를 발휘할 수 있는 게 '나와의 약속'이다.

나의 경우, 오늘 나와의 약속을 끝내지 않으면 집에 들어가지 않았다. 행동을 위해서라면 자기 의지력을 믿지 말고 강제성을 만드는 게 차라리 낫다. 20대 초반의 목표가 운동이었을 때, 목표를 이루고 싶은 마음은 간절했으나 반대로 너무나도 하기 싫은 마음도 공존했다. 그렇게 양가감정 사이에서 속으로 가기 싫다며 외치고 밖에서 방황하며 어영부영했다. 헬스장 마감 시간을 계산하며 미루고 미루다 마감 1시간 직전에 갔다. 오늘 하루, 나에게 있어서 제일 중요한 일은 운동이었음에 우선순위로 해야 했으나 제일 나중에 했다. 늘 행동하는 시간을 미루며 하루의 끝에 아슬아슬하게 했다. 간절히 하고 싶었지만 아이러니하게도 너무 하기 싫었기 때문이다. 그럼에도 뭐가 됐든 '한다'라는 것에 의미를 뒀다. 그만큼 나는 내 자신을 다루는 게 힘든 사람이었고 태생적으로 미루기에 최적화된 사람이었다. 먼저 했으면 더 생산적이었겠지만, 누구는 미련하다고 할 수도 있겠지만, 그래도 오늘 하루 안에 끝내는 걸 목표로 했다.

　나는 나를 다루고 싶었다. 당장의 시간을 다루는 게 힘들지언정 미래의 시간은 조금이라도 쉽게 다루고 싶었다. 그러려면 처음에는 어느 정도 자신을 컨트롤하고 약간의 에너지를 쓰는 일은 필요하다. 오늘 하루 안에만 매일 하다 보니 나중에 습관이 된 후로는, 쉽고 재밌게 하게 되면서 가고 싶다는 마음으로 변했다. 이제는 도리어 미루지 않고 제일 먼저 운동하러 달려가게 됐다.

사실 나는 게으름과 나태한 인간의 표본인데 그저 '한다'라는 것만으로 다들 부지런한 줄 오해한다. 그저 하기만 했을 뿐인데 그저 '꾸준히' 하는 것만으로도 갑자기 대단한 사람이 됐다.

'일단 하라'

나는 이 말을 이렇게 말 하고 싶다.

'일단 오늘 안에만 쉽게 하라'

내일로 미루기 극복이 먼저다. 100점짜리 인생은 없을지언정, 시간 관리 기술을 익히면 적어도 후회 없는 하루하루를 보낼 수 있다. 시간 관리는 청사진을 현실로 만든다.

하이럼 스미스, 《성공하는 시간 관리와 인생 관리를 위한 10가지 자연법칙》, 김영사, 1998, p.107.

생산적인
시간 확보

주체적인 시간 관리 능력을 갖춰야 하는 프리랜서나 자영업자, '계획을 짜 봤자'라며 시간 확보를 아예 포기했거나 어려운 시간 관리로 업무와 일상에 지장을 느낀다면 아래의 방법을 사용해 볼 때다. 생산적인 시간을 확보하려면 나와 맞는 방법을 적용해 보는 게 좋다.

〰〰〰 정중히 거절

목표와 시간에 대한 계획을 세우고 행동하기로 했으면 거절하는 일도 필요하다. 시간은 한정되어 있다는 것을 기억해야 한다. 특히 사소한 문제들이나 중요하지 않은 전화 또는 불필요한 만남, 모임 등은 내 목표를 위해 거절할 줄 알아야 한다. 내가 불참석하고 거절함으로써 미안하거나 소외감을 느끼는 게 더 두려운지, 내지는 내 목표를 이루지 못하는 게 더 두려운지 선택해야 할 때다. 그때 정중하고 유연한 처세술이 필요하다. 불필요한 시간 낭비를 초래하지 않게 거절한 시간을 몰입의 시간으로 가득 채운다. 선택과 집중의 시간이다.

〰〰〰 함께 할 동료, 멤버 찾기

새로운 시야가 트이는 시점은 새로운 관계에서 생겨난다. 그렇게 관계를 구축하고 연결이 되면서 또 다른 힘을 발휘한다. 삶을 달리하려면 시공간을 달리하거나 사람을 달리하라는 말이 있다. 이처럼 내가 가고자 하는 방향이나 같은 관심사를 다루는 커뮤니티, 모임, 강의 등을 활용해 만나는 사람을 달리한다. 책을 읽기로 했으면 독서 모임에 들어간다든지 쇼핑몰을 운영 중이면 쇼핑몰 커뮤니티에 들어가는 방식이다. 그러나 모임의 목표가 변질되지 않게 주의하는 일은 필요하다(목표는 뒷전에 두고 술 모임이 된다든지…).

자신의 성향에 따라 오프라인 모임이 가능한 사람이 있고 어려운 사람도 있다. 도전해 보는 일은 좋다지만 오프라인 모임이 힘들다면 온라인 챌린지도 좋다. 자신에게 맞는 방식으로 환경을 구축해야 한다. 취향이 겹치면 공감대 형성이 더 쉽고 어려운 부분을 공유하기에도 부담이 덜하다. 공동의 관심사를 통해 유익한 정보가 공유되고 서로 도움 되는 내용들로 상호작용할 수 있어서 생산적이다. 같은 꿈과 목표로 동기를 부여하며 지속력을 높여준다. 기업이나 여러 학문 분야에서도 협업으로 시너지를 유발하는 것처럼 같은 관심사의 행동력 군단들과 함께라면 시너지 효과가 좋다. 결국 혼자 이루는 성과는 없다. 사회는 혼자만으로 굴러가지 않고 점철되어 서로에게 필요한 존재다.

〜〜〜〜 남에게 알리지 않는다

일명 '떠벌림 효과' 내 목표를 남들에게 알림으로써, 외부 시선을 빌미로 행동력을 높이고 목표를 수월하게 성취하는 심리 현상을 말한다. 그렇게 자신이 한 말에 책임이 생기고 어쩔 수 없는 강제성 부여로 약속을 더 잘 지키게 된다. 대중이 많을수록 그 효과는 더 크다. 작심삼일을 극복하기 위한 하나의 방법으로 쓰이기도 한다.

그런데 공개 선언 효과는 장점도 있지만 단점도 있다. 내 세상에서는 실패가 성공으로 가는 과정일지라도 남들은 결과만 기억한다. '한다/못한다', '된다/안 된다', '성공/실패', '사촌이 땅을 사면 배가 아프다', 성공하면 질투와 견제의 대상이 되지만 실패하면 무시당하기 딱 좋다. 성공이든 실패든 말해봤자 안 좋은 결과를 초래하고 동네방네 떠벌려서 하등 좋을 게 없다. 매번 번복되는 목표는 허황된 꿈만 좇는 목표만 높은 사람, 소위 '척'하는 사람으로 인식된다.

특히 자존심이 세다면 실패했을 때 부작용이 더 크다. 내가 떠벌린 목표를 이루지 못했을 때는 수치감과 자괴감으로 부끄러움이 더욱 크게 다가온다. 남들의 시선으로 스스로가 패배자라는 낙인을 찍어 자신을 가두고 위축되기도 한다. 그로 인해 자신감이 하락하고 에너지를 뺏겨 확신의 성공과 더욱 멀어진다. 목표는 그 목표를 함께하는 사람에게만 말하고 다른 이에게는 굳이 말할 필요가 없다. 결과적으로 외부 시선을 의지하는 방법이 통할 수는 있어도 본질적으로 자신을 다루고 행동을 다룰 줄 알아야 한다. 더군다나 믿어 의심치 않는 자신만의 확신이 있다면 공개 선언이 효과가 있을지언정, 그 정도의 확신이 있는 사람이라면 떠벌리지 않더라도 목표는 이룰 수 있다.

다시 덧붙이지만 남에게 의지하기 이전에 나와의 약속을 스스로 지키는 편이 낫다. 무소의 뿔처럼 혼자서 가라.

〰〰〰 휴식도 기술이다

누군가는 이렇게 말한다.

'잠은 죽어서'

'8시간 수면은 시간 낭비'

그러나 잘 자고 잘 쉬는 일은 필수적이다. 신체적, 정신적으로 휴식이 있어야 집중력도 생산성도 높일 수 있고 시간의 밀도를 높이 쓸 수 있다. 하물며 고속도로를 달리거나 장거리 운전 구간에도 심각한 사고 예방을 위해 휴게소와 졸음쉼터가 있다. 인생도 성공도 고속도로처럼 예측할 수 없고 쉼(잠)은 필요하다. 그만큼 잠과 휴식, 에너지 회복은 목표를 이루는 데 매우 중요한 요소다.

수면 심리학자 서수연 교수는 "잠은 깨어있는 시간에도 영향을 미칠 뿐 아니라 건강과 삶의 질을 좌우한다. 진짜 성공을 위한다면 오히려 잠이 중요하다"라고 말한다. 잠을 못 자면 뇌 기능에 영향을 미쳐서 인지력과 판단력이 저하되고 예민함 때문에 생산적이지 못하다. 잠 못 자고 운전하는 게 음주운전만큼 위험하다는 말은 근거가 있다. 잠의 가치를 바로 안다면 숙면을 뒤로 미룰 수 없다. 같은 맥락으로 일주일 내내 강도 높은 운동으로 근육을 피로하게 하기보다 강도 낮은 운동으로 대체하거나 쉬어가는 게 오래 할 수 있다. 감량이 목표라면 러닝을 뛸 때도 전력 질주로 마냥 뛰기보다 뛰다 걷다 하는 인터벌 러닝이 효율성이 좋다.

휴식은 소화 기능에도 영향을 미친다. 예시로 과식과 폭식은 소화계에 부담을 주기에 이후 소식이나 가벼운 단식으로 고통받던 위장을 비워주거나 휴식을 준다. 이렇게 생리적, 심리적으로의 휴식은 에너지 회복을 높인다. 정기적인 휴식을 강조하는 포모도로 기법도 있다. 지속적인 집중력 유지를 위한 방법으로, 타이머를 활용해 25분간 집중하고 5분 휴식하는 사이클의 시간 관리 방법론이다.

〰〰〰 감각의 참여 시각화하기

시각화는 내가 원하는 목표의 생생한 상상으로 성공적인 청사진을 만든다. 말 그대로 마음 가는 곳에 몸이 간다. 내가 원하는 미래의 모습을 시뮬레이션하면서 반복해서 상상하고 이미 이루어 졌다고 온전히 느낀다. 예를 들어, 체중 감량을 위해 트레드밀을 달릴 때, 무작정 달리기만 하면 지루하고 시간도 느리게 가는 러닝 위를 버틸 수 없다.

반대로 아이돌 무대 영상을 보고 듣거나 내지는 보디빌딩 대회 영상처럼 시각적인 요소를 주면 잠재의식을 자극하는 데 효과적이다. 또는 대학을 위해 공부를 한다 해도 그저 열심히 공부함과 달리, 가고 싶은 대학을 정해놓고 그 대학을 한번 방문해 보면 마음가짐이 달라진다. 그렇게 모든 감각을 참여시켜 보고 듣고 느껴보며 더 사실적이고 매력적으로 만든다. 그로 인해 생각을 즉각적으로 변화시키고 무의식에서는 이미 성공한 자신으로 행동하게 만든다.

시각화는 구체적이고 명확하고 세밀할수록 그 힘이 더욱 강해진다. 구체적으로 수치화를 시켜서 잘 보이는 곳에 적어둔다든지, 사진 자료를 활용해서 매일 본다든지 그렇게 일정을 시각화하면 목표 달성 확률을 높여준다. 목표에 따른 정보와 데이터를 도표, 그래프, 사진 자료와 같은 시각적인 요소들을 사용해서 무의식에 계속 심어준다. 그렇게 시각화를 통해 개인 역량과 능력에 대한 믿음과 자신감을 느끼고 동기를 부여하며 집중할 수 있다. 원하는 것을 확신하고 시각화하라.

〰〰〰 롤모델과 멘토 정하기

롤모델은 단순히 존경하거나 본받고 싶은 인물에 그치지 않는다. 자신의 꿈과 목표에 방향감을 실어주고 영감을 제공한다. 나아가 그들의 직접적인 피드백은 동기부여와 성장에 큰 도움이 된다. 목표하는 분야에서 이미 성공의 길을 걷는 사람들을 롤모델로 삼으면 그들의 경험과 조언을 배울 수 있다. 자신이 문제에 당면하거나 좌절했을 때, 이미 좌절과 실패를 이겨낸 그들에게 실패 극복 방법을 배우고 벤치마킹하며 그들의 생각법과 성공법을 배울 수 있다. 그들이 걸어간 길을 나도 걸어가며 영웅과 같은 그들에게 자신을 투영할 수 있다. 그로 인해 개인의 능력을 확장하고 더 나은 방향으로 발전할 수 있다. 가능하다면 멘토와의 정기적인 만남을 통해 방향성을 잃지 않도록 도움받는 게 좋다. 하지만 배울 곳도 없이 없다면 아주 좋은 롤모델이 되어줄 책을 추천한다.

이 밖에도 데드라인 정하기, 가장 하기 싫은 거부터 먼저 해치우기, 중요하지만 긴급하지 않은 일 루틴화 하기, 게임 하듯 하기, 스스로 주는 적절한 보상 등 생산적인 시간 관리를 통해 효율을 높일 수 있다. 그렇게 목표 달성에 더 가까워진다.

시간 관리의
힘

시간 확보는 자신과의 약속이다. 자신의 할 일이 무엇인지 정확히 알고 있다면 시간 관리는 어렵지 않다. 특히 목표를 위한 오늘 할 일 중 우선순위가 무엇인지 명확히 알아야 한다. 다만 책임이 많아지는 환경 속에서 해야 할 일은 점점 많아진다. 어떨 때는 쌍코피 터지는 심정으로 끝내주게 열심히 살아보자 싶다가도 어떨 때는 그렇게 열심히 사는 일이 무슨 의미가 있나 싶기도 하다. 두 마리 토끼를 잡고 싶지만 사실상 내가 가진 한정된 시간과 의지력, 에너지는 한계가 있다. 게다가 한쪽으로 지나치게 치우치면 어느 한쪽은 기운다. 그럴 때는 어디에 목표를 두어야 할지 선택과 집중이 필요하다. 나의 상황과 환경에 따라 강약 조절을 하면서 상황에 맞게 에너지를 써야 한다. 제일 먼저 우선순위를 정하고 그에 따라 행동을 결정한다. 무리해서 두 마리 토끼를 잡지 말고 한 번에 한 마리씩 차례로 잡는 게 훨씬 효율적이다.

〰〰〰 '신체적 자본', 건강을 만드는 시간 관리

정신건강을 결정짓는 요소는 본질적으로 '감정관리'로부터 나온다. 몸 건강을 결정짓는 요소는 '신체 관리'로 수면, 식사, 운동이 제일 크다. 자격증을 목표로 한다면 술자리, 취미활동보다 공부가 우선순위인 것처럼, 멋지고 건강한 몸을 만드는 게 목표라면 퇴근 후 침대가 아닌 헬스장이나 운동장이 우선이다. 더해서 식사의 질을 챙기는 시간을 확보하는 게 우선시 되어야 한다. 결정적으로 수면을 제대로 지켜내야 식사와 운동까지 시간을 낼 수 있다. 잠을 줄여서는 어떤 일도 더 잘 해낼 수 없다. 잠에 잘 들지 못한다면 숙면을 위한 수면 환경을 조성해야 한다.

1. 도구 활용(수면 안대, 암막 커튼 등)
2. 침실의 적정온도 맞추기
3. 낮잠 피하기
4. 낮 동안 카페인 줄이기
5. 평소 활동량과 운동량 늘리기
6. 햇빛 받기
7. 디지털 기기 멀리하기

이 중에서도 5번을 꾸준히 지속한다면 평소 긴장감도 풀리고 잠자리에 못 드는 걱정은 전혀 없다. 이에 따라 수면 리듬이 생기고 생활패턴이 만들어진다. 따라서 운동을 습관으로 만드는 일은 정신건강과 몸 건강, 숙면까지 전부 잡아준다. 결국 몸도 마음도 늘 당당하게 유지하고 싶다면 운동 습관이 답이다. 그것을 이루기 위해 우리가 정해야 하는 일이 내 행동의 우선순위이다. 내 몸과 마음의 건강을 챙기다 보면 할 일이 많아진다. 단 30분만 이라도 운동하는 시간을 확보하고 좋은 재료를 선별하는 시간을 투자한다. '오늘 뭐 먹지' 고민할 시간에 매일 무엇을 먹을지 정해놓고 밥 시간에 맞춰 요리할 수도 있다. 주말이나 틈날 때마다 채소와 재료를 손질하고 손쉽게 영양가 있는 식사를 할 수 있도록 밀프랩을 해놓는다. 요리할 시간도 준비할 시간도 없다면 건강한 메뉴를 선택하는 것만으로 시간을 관리할 수 있다.

먹는 영양제가 있다면 매일 일정한 시간에 복용하는 루틴을 가지는 게 좋다. 영양제는 매번 잊기 마련이다. 같은 시간에 먹게 되면 잊지 않고 효율적으로 복용할 수 있다. 이렇게 영양소를 챙기는 다양한 방법을 마련해 두는 것만으로 목표에 더 가까워진다.

불안은 고통을 낳는다. 그로 인해 불안은 행복의 반대말로 쓰이기도 한다. 우리가 살면서 느끼는 불안의 원인은 '불확실성'에 달려있다. 불확실한 마음과 확실하지 않은 미래. '알지 못함(무지)'에서 비롯된 무식과는 다른 '모름'의 상태. 이에 따라 일정하지 못한 것은 불확실하다. 무언가를 확실히 안다면 불안과 두려운 마음은 사라진다. 예를 들면 '9 to 6' 직장인들은 내일 9시에 출근해야 한다는 일을 분명히 알고 있다. 출근에 얽매이는 '사실'이 두려운 것과는 다르다. 장기적으로 보면 내가 해야 할 일이 뭔지 알고, 예측이 가능하기에 안정적이다.

반대로 주기적이지 못한 출퇴근, 일정하지 않은 매달 차이가 큰 월급, 들쑥날쑥한 수면과 식사 패턴, 짧은 주기로 매번 4~5kg씩 차이 나는 고무줄 몸 등은 불안과도 관련 있다. 불안에 잠식된 사람은 필연적으로 앞으로 나아갈 수 없다. 알 수 없는 미래에 걱정하고 불안하기보다 하루하루 순간에 충실하며 매사 즐겨야 한다.

하지만 사람들은 시간만 있으면 무슨 일이든 해낼 거라 생각한다. 더욱이 성공과 시간만 있으면 행복할 거라고 착각한다. 행복은 지극히 개인적인 영역이다. 수치화할 수 있는 노릇도 아니다.

'좋은 대학만 들어가면 행복할 거야. 취직만 하면 행복해질 수

있어. 좋은 사람 만나 결혼하면 행복하겠지.'

그렇게 행복을 미루며 막연한 행복을 기대한다. 그러나 행복은 정복하는 게 아니다. 행복이 성공과 일치할 때도 있지만 꼭 그렇지만도 않다. "과거에 살면 우울하고 미래에 살면 불안하고 현재에 살면 평안하다"라는 노자의 말씀처럼 바로 '지금 이곳에서' 행복하지 않으면 그 어느 때도 행복하기 어렵다. 그런즉 일상에서 행복하지 않다면 10년 후도 불행하다. 가장 쉽게 행복할 수 있는 시간 관리 방법은 바로 지금, 현재를 '받아들이기', 현재에 '감사하기'다. 그렇게 행복을 일상화한다.

우리는 종종 과거와 미래에 마음을 두곤 한다. 현재를 살고 지금 이곳에 집중하면 몸과 마음이 한곳에 머물러 안정과 행복을 만든다. 현재를 사는 삶의 태도는 주체적인 삶의 태도를 만들고 가치 있는 행동을 하게 한다. 그렇게 현재를 사는 것만으로 똑같은 시간을 밀도 있게 쓸 수 있다.

〰〰〰〰 '사회적 자본', 관계를 만드는 시간 관리

나를 위한 시간을 내는 것이 먼저다. 나와의 관계에 시간을 쓰지 않으면 남과 함께하는 시간이 생산적이기보다 소모성 관계로 남게 된다. 그로 인해 시간과 에너지가 줄고 관계는 점차 멀어진다. 나아가 건강한 관계를 유지하기 위해서는 상호 간의 '의사소통'에 충분한 시간을 할애해야 한다. 누적된 시간 없이는 감정교류를 하기 힘들다. '행동으로 보여주면 되지'라고 생각할 수 있으나 말의 중요성을 간과해서는 안 된다.

특히 중요히 생각하는 가족, 연인, 친구 등 서로를 잘 안다고 생각하는 관계에서도 내 마음이나 느끼는 감정을 말이나 글로써 제대로 전달하지 않으면 깊이 알지 못한다. 그렇게 침묵함으로써 오해가 생기기도 하지만 표현력과 전달력이 없어 오해가 생길 수도 있다. 또는 감정에 휩쓸려 실언하기도 한다.

그러나 실수로 오해가 생겼다 해도 그 오해를 풀어내는 일 또한 말이 된다. 모든 관계가 그렇겠지만 연인이나 부부 사이, 특히 갈등 해결에서 가장 중요한 요소야말로 대화라고 할 수 있다. 어떻게 하면 상대를 잘 이해할 수 있을지 어떻게 이해시킬 수 있을지 잘 듣고 잘 전달하는 일에 고민해 보는 시간이 필요하다. 그렇게 상대를 이해하고 나를 이해시키며 서로 이해관계가 성립되려면, 있는 그대로 존중하며 '받아들이기(인정)', 상대의 생각과 감정을 알기 위해 '듣는 태도', 나를 솔직하게 드러내는 '표현력과 전달력'에 대한 시간을 써야 한다. 자기 생각을 명확하고 부드럽게 전달하고 표현하는 시간이 필요하다. 각종 미사여구나 청산유수처럼 말하기보다 감정에 솔직하고도 진정성 있는 의사소통은 서로 교류하게 한다. 이에 따라 서로의 생각과 감정을 이해할 수 있고 서로를 위한 공감도 나눌 수 있다.

말과 행동이 같다면 신뢰도 줄 수 있다. 결과로 관계를 위한 시간 관리 전략을 사용하면 우리는 더욱 풍요롭고 깊이 있는 관계를 구축할 수 있다.

〰〰〰 '인지적 자본', 성공을 만드는 시간 관리

아쉽게도 노력과 성과는 비례하지 않는다. 열심히 해서 바로 결과로 이어지면 좋겠지만 열심보다 제대로가 더 중요하다. 아무리 공을 들인다 해도 잘못된 방향으로 노력하면 노력만큼의 보상은 따르지 않는다. 특히 우리가 실제 행하는 모든 행동과 노력을 통해 결과로 이어진다고 생각하지만, 결과는 파레토 법칙에 따라 전체 성과의 약 80%가 전체 원인의 20%에 의해 발생한다. 즉, 핵심적인 20%가 아주 큰 영향을 가져온다는 뜻이다.

예를 들면, 가장 잘 팔리는 제품 20%가 전체 매출의 80%를 차지한다. 다른 예시로 기업 구성원의 우수한 20%의 인재가 80%의 문제를 해결한다. 이렇듯이 대개 다수의 80은 결과에 영향이 크지 않으나 결정적인 20이 결과를 만든다. 가장 큰 영향력을 만들기 위해 어떤 주도권을 우선시해야 하는지 파악할 수 있다. 파레토 법칙은 80/20 법칙이라고도 불리며, 리처드 코치의 《80/20법칙》에서는 적게 일하고 크게 얻는 사람들은 효율적으로 일을 처리하는 사람이라고 전한다.

이런 원리는 다양한 분야에 적용되지만, 시간 관리에 적용한다면 적은 시간을 들여 큰 성과를 거둘 수 있다. 성공을 이끄는 시간 관리를 하고 싶다면, 자신의 업무와 일상을 분석해 하루 중 가장 생산적인 시간대, 24시간 중 에너지가 제일 좋은 시간을 파악한다. 나아가 중요하지 않은 80%보다 중요한 20%에 더 많은 시간을 쏟는 게 핵심이다. 이에 따라 시간과 에너지를 아끼고 효율성을 극대화해 문제를 타개할 수 있다. 지속적인 몰입으로 성공을 만드는 시간 관리가 가능하다.

미래를 예측하는 가장 좋은 방법은 미래를 창조하는 것이다.

– 에이브러햄 링컨

6장

습관 관리

할 수밖에 없는
마인드 만들기

"사람은 고쳐 쓰는 거 아니다, 사람은 변하지 않는다"라는 말이 있다. 그만큼 인간의 타고난 본성을 바꾼다는 게 무척이나 어렵다는 뜻이다. 나조차도 바꾸기 힘든데 남을 바꾸는 건 불가능에 가깝다. 그럼에도 목표를 이루고자 한다면 '그 목표를 이룰 수밖에 없는 확신의 마음'을 견지해야 마음과 행동이 일치한다. 확신의 마음이 체화되면 그 마음 하나로 꾸준한 행동이 가능하다. 해내지 못한다는 마음이 조금이라도 있다면 낙담의 골짜기를 건너지 못한다. 해낼 확률도 낮고 가능성도 없는데 해 봤자 의미 없는 일이 되기 때문이다.

그러나 나의 사소한 행동으로 인해 처음의 의심이 확신으로 바뀌면 알아서 하게 된다. 성공에 가까워지는 게 체감되기 때문이다.

불안과 두려움, 불가능하다는 생각 대신 어떻게 해내고 어떻게 행동할지 방법이 들어오게 된다. 내가 들인 노력과 시간, 방법이 틀리지 않았다는 걸 느끼게 되면 안 할 수가 없다. 자신이 일궈낸 성취와 승리를 맛보면 할 수밖에 없다. 이 확신과 믿음은 우리의 '정체성'과 연결된다. 우리의 정체성은 습관을 만들기도, 습관이 정체성을 만들어 내기도 한다.

〰〰〰 '행동은 자기 믿음', 습관이 정체성을 만든다.

우리는 '꾸준한 행동'이 없어서 실패한다. 몇 번 하다 마는 행동으로는 변할 수 없다. 대부분 결과 중심의 행동을 살펴보면 '습관'이 빠져 있다.

- 밥 먹고 (습관적으로) 바로 누우면 살쪄요.
- (습관적인) 지각은 성공과 거리가 있습니다.
- 공복에 (습관처럼) 믹스커피를 마시는 건 몸에 해로워요.
- 암에 걸리는 선 순위는 (습관성) 수면 부족과 스트레스입니다.
- 운동을 (습관적으로) 하면 몸의 맵시를 바꿀 수 있어요.
- 책을 (꾸준히) 읽으면 똑똑해집니다.

한 번의 행동으로 시각의 확장이 일어날 수는 있겠지만 좋든 안 좋든 대부분 꾸준히 행했을 때 변화가 시작된다. 그저 잠깐 하는 행동으로는 전반적인 영향을 미치기 어렵다. 그러나 목표가 너무 높거나 에너지가 많이 들면 '꾸준함'이 관성을 받기 힘들다. 그래서 딱히 목표가 없어도 쾌락만을 위한 일은 대부분 에너지가 들지 않고 즉각적인 감정 해소로 인해 습관화가 쉽다. 반대로 생각했을 때도, 어렵다고 생각하는 행동을 지속하기 위해서는 성취의 기쁨과 즐거움을 느끼며 쉽게 해야 한다.

그렇게 내가 쌓은 행동들로부터 긍정적인 감정까지 누적되면 고통의 시간도 감내할 수 있게 된다. 그렇게 반복과 성찰, 시행착오를 통한 꾸준함이 결과를 부른다. 다만 습관으로 결과를 만들 수는 있으나 단순히 결과만을 불러오지 않는다. 사실 더 깊게 들여다보면 습관이 인생을 변화시키기보다 자신의 자아상과 정체성을 변화시키는 게 더 크다. 즉, 마인드가 바뀌는 것이다. 그렇게 자주 반복하는 행동을 통해 과정을 즐기고 성취를 누적하며 자신의 근원을 찾아야 '자기 믿음'이 쌓이기 시작한다. 반복되는 행동은 정체성을 더욱 강화하며 선순환을 이룬다. 그래서 달랑 한두 번 하는 행동으로는 삶이 변하기 힘들다.

그러나 습관으로 변화를 느끼기도 어렵다. 그 습관을 깨는 게 더 괴롭고 어려워지기 전까지. 습관을 깬다는 일은 자신의 정체성을 깨는 일과 같기 때문이다. 그로 인해 습관은 나의 정체성을 만들어 가는 과정이 되기도 한다.

〰〰〰 '나는 ○○하는 사람', 정체성이 습관을 만든다

대개 사람들은 자신이 얻고자 하는 결과에 초점을 맞춘다. 나의 의지로 이루고 싶은 목표가 '아침 7시에 운동가기'라고 가정했을 때, 해낸다고 하면 문제가 없다. 문제는 행동하지 못했을 때 문제가 발생한다. 목표가 결과로 이어지지 않았음에 자신감이 아닌 좌절을 맛본다. 한 달에 5권 독서, 일주일에 3kg 빼기, 매일 영어 공부 등 자신이 원하는 결과에 초점이 맞춰지면 아웃풋이 나오지 않았을 때 부정적인 감정이 누적된다. 반대로 자신을 아침형 인간이라 칭하면 아침에 활동하는 사람이 된다. 자신이 건강을 지향하는 사람이라면 건강과 가까운 삶을 산다. 단지 그 차이다.

제임스 클리어 《아주 작은 습관의 힘》에서도 강조하는 정체성 중심의 습관, '내가 어떤 사람이 되고 싶은지'에 초점을 맞추는 것과 같은 이유다. 예를 들어 운동을 좋아하지도 평생 하지도 않던 사람이 식스팩을 만드는 것은 힘든 일이다. '식스팩'이라는 결과에 초점을 맞췄다면 겨우 몸을 만들어 내도 '결과를 얻었으니' 그만이다. 그 후로는 자신을 '운동하는 사람'과 동일시하지 않는다. 심지어 결과는 언제든 바뀔 수 있으나 바뀐 결과를 받아들이지 못하고 과거에 누렸던 과정과 결과에 살게 된다. 그렇게 내 정체성에 맞는 일을 하는 건 쉬워도 정체성과 맞지 않는 일을 억지로 하려면 오래가지 못한다.

반대로 '나는 운동하는 사람'이라는 정체성을 위한 운동은 반짝

하는 이벤트가 아닌 평생 할 일이 된다. 운동하는 사람이라는 정체성을 가지고 있기에 운동을 못 하는 일이 더 괴롭다. 이런 이유로 '운동을 매일 하는 사람'은 결과가 어떠하든 운동 자체가 삶의 중요한 일부분이 된다. 눈이 오나 비가 오나 평일이나 주말이나 변함없이 부단히 행동할 뿐이다. 운동을 하고 있음에도 체력이 쉽사리 늘지 않거나 결과가 더뎌도 살이 쪘든 말았든 누가 뭐라 하든 신경 쓸 일이 없다. 그저 내가 해야 할 일일 뿐이다. 그래서 더 '받아들임'도 쉬워진다. 다른 예시로 책을 읽거나 공부하는 일도 마찬가지다. 책이나 공부를 마음의 짐이 아닌 '책 읽는 사람' '공부가 재밌는 사람'이라는 정체성을 만들면 한결 수월하다. 그렇게 스스로 바라보는 관점을 달리하고 내가 어떤 사람인지, 어떤 사람이 되고 싶은지에 초점을 맞춤으로써 자신을 행동하게 하는 '믿음'을 바꾼다. 결과적으로 우리의 믿음은 행동을 반영하고 우리의 행동은 정체성을 반영한다. 결국 1장의 '나는 누구인가, 어디로 가고 있는가'와 일맥상통한다.

> 처음에는 우리가 습관을 만들지만 그 후에는 습관이 우리를 만든다.
>
> −존 드라이든

우리는 정체성으로 나를 표현하며 내가 나답게 살아간다. 정체성 자본은 다양한 역경과 고난을 기회로 탈바꿈하는 회복 탄력성의 근원이 될 수 있다. 그렇게 정체성 자본을 쌓으면 길이 보이고 내 길은 내가 만들어 갈 수 있다. '안 되면 되게 한다.'라는 할 수밖에 없는 마인드가 생긴다.

지속할 수밖에 없는
환경 만들기

　삶의 의미는 무엇일까. 정답도 없고 누가 알려주지도 않는다. 그 의미가 필요한가 싶다가도 생각하지 않자니 나만 뒤처지는 느낌이다. 삶의 의미를 탐색한다는 일은 자기 삶을 진지한 태도로 임한다는 뜻이다. 그렇게 인간은 태어나는 순간부터 죽는 날까지 삶과 죽음을 사유하는 존재다. 심지어 데카르트는 "나는 생각한다. 고로 존재한다"라고 주장한다. 나아가 인간은 누구나 자아실현 욕구로써 자기 삶에 대해 인식하고, 인정받고자 하는 욕구로서 가치 있는 삶을 목적한다. 그렇게 자신만의 삶을 살아간다. 즉 삶은 나의 권리다. 나에게 진정으로 중요한 가치에 집중함으로써 내 삶을 내 권리대로. 그렇게 주도권을 가지고 나의 의도와 계획대로. 내 방식에 의해 목적하는 삶은 인생을 풍요롭게 한다. 목적이 없으면 주어진 환경대로 산다. '사는 것'이라기보다 환경과 상황에 따라 흘러갈 뿐이다. 목적 있는 삶은 인생의 주도권을 우선시할뿐더러 가치 있는 곳에 시간을 투자한다. 그렇게 지속할 수밖에 없는 환경을 만든다. 지속하고 계속하면 잘할 수밖에 없다. 꾸준한 노력이 성공한다는 것은 양질 전환이 가능하기 때문이다. 원하는 것을 손에 넣는 자들은 즐기는 자거나 잘하는 자거나 둘 중 하나다.

〰〰〰〰 내 삶의 주도권을 장악하라

삶의 주체성은 오로지 나에게 달려있다. 누구나 할 수 있는 말이지만 누구나 주체적으로 살지는 못한다. 핵심은 자기성찰과 자신을 바로 보는 데서 출발한다. 자기성찰이 중요한 이유다. 자기성찰은 성장을 만들어 주기 때문이다. 나를 진정으로 알지 못하고 나와 마주하는 시간이 짧다면 내 세상의 주도권을 결단코 장악할 수 없다. 자기 결정권은커녕 도리어 내 삶의 주인공이 내가 아닌 것처럼 휘둘린다. 이에 따라 나를 탐색하고 내 삶의 주인으로서 나답게 세상을 변화시켜 나갈 때, 내 삶의 권리를 행사할 수 있다.

나아가 목적 있는 삶은 방향성과 의미를 부여한다. 목적의식은 삶이 과정인 것처럼 목적지가 아닌 여정이다. 치열하게 자의식을 헤아리고 지속해서 나를 탐구해야 한다. 목적을 위한 여정은 근본적으로 '내가 믿는 나의 정체성(나의 가치관)'에서 나온다. 가치 있다고 믿기에 행동하고 꾸준히 지속할 수 있다. 그렇게 나의 믿음과 정체성에서 파생된 '주체적인 행동'은 지속적인 성장과 발전을 도모한다. 그 안에서 겪는 다양한 경험과 사색은 온전히 살아있음을 느끼고 삶의 의미를 깊게 한다. 그렇게 남이 아닌 나로서 삶의 주도권을 갖는 일은 지속할 수밖에 없는 환경을 만들어 준다.

그러나 근심 걱정만 가득하고 자기 삶의 의미에 관해 관심이 없다면, 마음의 생명력을 잃는다. 결국 내 세상에서마저도 내 역할을 하지 못하고 남에게 주도권을 뺏긴다. 그렇게 평생 남 탓하며 오해가 쌓인 채로 살아간다. 우리네 인생은 끊임없는 크고 작은 선택의 연속이다. 아무리 환경과 상황에 따라 삶이 흘러간다 해도 선택은 스스로 한다. 자신의 목적이 견고하면 흔들림 없이 나의 방향대로 갈 것이며, 남들의 의식에 영향을 받아 매번 흔들린다면 방향은 길을 잃는다. 그 선택을 통한 결과물이 지금의 우리를 만들었다.

인간은 후회와 망각의 동물이라는 말처럼 같은 선택의 반복으로 계속해서 후회하거나 힘들어지는 일이 발생한다면, 그때부터는 실수가 아닌 선택 속에 '자신'이 없는 것이다. 남에게 흔들리지 않는다 해도 자기 삶의 의미나 목적에 대해 깊게 관심 가지지 않은 인과일 수 있다. 더군다나 기회가 찾아왔을 때, 선택 앞에 속단하여 곤혹을 느끼는가 하면 망설이다 기회를 잃기도 한다.

선택은 늘 위험과 보상이 동반된다. 그렇게 내 선택에 따라 삶에 큰 영향을 미치고 인생의 결과가 달라질 수도 있다. 나아가 선택의 순간에 동시에 여러 개를 선택할 수 없고 하나를 택하면 다른 하나를 겪어 볼 기회는 자연스레 사라진다. 이런 이유로 후회 없는 선택이 없다 할지라도 좋든 싫든 선택의 결과는 자신의 몫이다. 그럼에도 지속적인 성장은 힘들지만 제 자리에 머무름도 힘들다. 이해받는 일은 힘들지만 이해받지 못하는 일도 힘들다. 대충 사는 것도 열심히 사는 것도 쉽지 않다. 이마저 전부 자신의 선택이다. 어떤 선택을 했든 내가 책임질 수밖에 없는 일이 된다. 할까 말까를 선택하는 게 아니라 오로지 '어떻게' 해낼 것인가를 고민해야 지속할 수 있다. 그렇게 삶의 주도권을 가지는 일은 자신의 가치를 정립해서 옳고 그름의 판단력과 집중력을 높여준다. 자기 삶을 다스리면서도 내가 주도적으로 환경을 통제할 수 있다. 그래야만 내가 가고자 하는 방향으로 갈 수 있다.

～～～ '단계별 슈퍼 행동력', 양질 전환의 법칙

'양질 전환의 법칙'이라는 개념이 있다. 대표적인 예로 물이 수증기로 변화하는 과정이다. 물을 가열하면 점차 온도가 높아지다가 끓는점(100도)에 이르러 이전과는 다른 수증기라는 성질로 변화한다. 중요한 점은 99도까지 충분한 열을 내고 시간을 쌓으며 지속적인 에너지를 축적해 왔다는 점이다. 이렇듯 양적으로 누적하는 시간과 열을 내는 팽창이 있어야 이를 바탕으로 질적인 도약을 이루는 것을 뜻한다.

변화 후에는 이전의 구조와 성질이 완전히 다른 상태로 진화한다. 가속도가 붙거나 규모가 커지거나 질적으로 농축된다. 그렇게 물질의 구조와 성질이 다른 상태로 바뀌는 그 순간을 '임계점'이라 부른다. 임계점에 도달하기까지는 변화가 크게 없어 보인다.

결과나 성과처럼 실질적인 파워가 생기는 지점은 임계점이 넘어야 보이기 때문이다. 그러나 대부분은 양을 쌓는 시간이 없거나 현저히 적지만 겉으로 드러난 부분만 보고 조급해한다.

모든 일에는 양질 전환의 법칙이 따르며 양이 없다면 질도 없다. 그야말로 복리와 같다. 비효율적이거나 의미나 변화가 없어 보일지라도 꾸준히 행동했을 때 복리로서 큰 효과가 나타난다. 처음에는 비효율적이고 단순히 반복적인, 무조건적인 방식으로 시행착오를 겪고 양을 축적하는 시간도 필요하다. 복리 효과가 나타나기 전 포기하거나 그만두는 일이 발생하지 않도록 삶의 의미를 생각하고 자신만의 가치와 비전을 확립해야 한다. 그런 연후에 양이 질적으로 도약하려면 '효율'이 필요하다. 레버리지 법칙을 따르면 된다. 레버리지란 적은 힘으로 큰 힘을 낼 수 있게 해주는 지렛대의 원리다. 즉,《레버리지》에 따라 최소 노력으로 최대 성과를 내는 효율의 법칙이다.

효율성은 자신의 지식과 비례하기도 하며 시간을 어떻게 쓰는지에 따라 양질 전환이 된다. 제일 먼저, 단순히 반복하는 작업은 가능하다면 아예 위임하거나 배제해도 좋다. 뺄 수 없다면 생산성이 늘어야 효율성이 높아진다. 예시로 택배 포장하는 작업이 2시간이 걸린다면 1시간 만에 끝내는 방법을 찾고 이후 30분으로 줄인다. 카페나 식당도 마찬가지로 서빙하고 청소하는 반복적인 시간을 줄이는 게 핵심이다. 내지는 업무 자동화나 기술 대체를 통해 시간을 확보하고 시간 낭비를 최소화한다. 그렇게 확보된 시간에 내가 해야 할 일에 시간을 투자하고 나의 목적에 집중하는 시간을 늘린다.[1]

레버리지 핵심 중 하나는 다른 사람의 기술을 활용하는 것이 있다. 강의, 멘토, 파트너쉽, 네트워크 등 비용을 들여서라도 배우는 데 시간을 투자한다. 어떤 사람을 만나냐에 따라 나의 앞길과 운이 달라진다. 한 사람을 만난다는 것은 그 사람의 삶이 나에게 스며든다는 뜻이다. 결국 내가 되고 싶은 방향으로 주고받고 싶은 영향으로 그 길을 걷는 사람을 따라 네트워크를 구축해야 한다. 그래야만 내 삶도 같은 방향으로 향한다. 때에 따라서는 지속적인 개선을 통해 피드백을 수용하는 일도 필요하다. 피

---

1) 롭 무어, 김유미 역, 《레버리지》, 다산북스, 2023. 참조.

드백을 수용하지 않고 자신만의 의견과 신념만 고집한다면 성장 속도는 더딜 수밖에 없다. 나아가 내가 즐기고 잘하는 일을 파악하는 일은 목적의식을 이해하기에 중요한 요소다. 게다가 효율성도 보장해 준다. 가령 내가 즐기는 일은 그야말로 시간이 어떻게 가는 줄 모르게 즐기다 보면 어느새 임계점을 넘는다. '알면 즐겁고 모르면 괴롭다'처럼 내가 잘 아는 분야도 즐기는 일이 될 수 있다. 잘 알고 잘하면 나와 남의 인정으로 재미도 생긴다.

더불어 타고난 재능있는 일은 효율 그 자체라고 볼 수 있다. 땀과 노력을 재능에 투자한다면 성장 속도가 대단하다. 잘하면 그냥 재밌다. 물론 재능이 있어도 행동이 없다면 없는 것과 마찬가지다. 여기에 더해 우리는 자아실현의 욕구와 더불어 중요한 사람이 되려는 욕망, 남에게 가치 있는 사람으로 인정받기 위한 욕구가 동시에 존재한다. 이에 따라 기쁨과 성취를 주는 일도 목적의식을 강화하고 효율을 보장할 수 있다. 반대로 내가 정말 피하고 싶은 상황이나 나와 맞지 않는 일, 하지 말아야 할 일만 피하더라도 우회하지 않는다.

다만 배우고 성장하며 확장함에 따라 목적도 바뀔 수 있다. 변화에 적응할 만한 유연한 태도를 유지하는 게 좋다. 마지막으로 우리는 공부할 때 기억하거나 외워야 할 문제들을 반복하고 복습하며 각인시킨다. 그러나 생각해 보면, 단지 열심히 외우기보다 내 지식이나 노하우를 남에게 알려주고 나눠줌으로써 내

기억에 더 많이 남는다. 그렇게 내가 가진 무기들을 나눠주는 것만으로도 일취월장하게 성장하며 시간을 레버리지 할 수 있다.

나를 잘 아는 것만큼 큰 도약은 없다. 최선을 다하는 것은 좋으나 자신을 돌아보지 못한 채로 몸과 마음이 병들어 가는데도 사력을 다한다면, 나아가지 못하고 역행하게 된다. 잠재의식 속의 나를 찾고 에너지를 쏟는 일들을 찾아야 한다. 내가 가진 강점과 약점을 알고 그 자원들을 활용해 효율성을 높이는 게 핵심이다. 나에게 많은 투자하는 것만이 더 크게 번영할 수 있다.

감정을 다루는
운동 습관

정신적으로 피로하고 압박감이 쌓이면 우리 뇌는 끊임없이 문제를 개선하려 애쓰고 긴장 상태를 유지한다. 그로 인해 신체적 문제뿐 아니라 짜증, 예민, 집중력 저하로 이어지고 차례로 불안, 우울 등 정서적 문제까지 동반할 수 있다. 이어서 개인의 문제가 사회 문제로 번지기도 한다.

여러 연구 결과를 검토해 보면 규칙적인 운동이 우울증과 불안을 치료하는 데 항우울제만큼이나 효과적일 수 있다고 한다. 특히 정신건강의학과 김병수 원장은 약은 먹기 싫고 상담으로 치료받고 싶다고 말하는 우울증 환자도 반드시 운동해야 한다고 말한다.

과거에는 주요우울장애가 있다면 항우울제인 선택적 세로토닌 재흡수억제제(SSRI)를 처방하는 것이 거의 유일한 처방이었다. 그러나 최근에는 의사들도 약물과 운동을 병행하는 치료를 권한다. 그렇게 해야만 상담의 효과도 배가 된다고. 규칙적으로 활동하고 운동하는 사람들은 자신에 대한 더 강한 만족감을 얻고 감정을 보다 잘 대처할 수 있다. 운동하면 뇌도 튼튼해진다. 그렇게 점진적인 발전을 통해 성취감을 느낀다. 실제로 나도 운동 습관 덕분에 감정 지능이 높아지고 여러 방면에서 운동의 영향을 많이 받았다. 운동으로 인해 삶이 변했다고 해도 과언이 아니다. 핵심은 운동을 습관적으로 지속하려면 운동할 수 있는 '환경 속으로' 들어가야 한다.

〜〜〜 감정을 다루는 호르몬과 운동

엔도르핀

'천연마약', '천연 진통제'라 불리는 행복 호르몬 엔도르핀은 수치가 낮으면 감정 기복의 높낮이가 크고 수면 부족이 생기기 쉽다. 엔도르핀 호르몬은 움직이는 신체활동이나 운동할 때 분비된다. 그로 인해 긴장을 풀어주고 긍정 감정을 유도해 감정 조절에 도움이 된다. 운동이나 스포츠는 단순히 신체활동만이 아닌 오로지 자신에게 집중하는 시간, 걱정과 불안이 많은 이들에게는 생각을 비우는 시간이 될 수 있다.

도파민

뇌에서 분비되는 신경전달물질로 보상과 쾌락, 동기부여와 관련이 깊다. 도파민은 약물(술,담배,마약 등)이나 도박, 쇼핑, 게임, 등처럼 어떠한 행위나 자극을 통해 정서적 반응을 일으킨다. 일상에서 필요한 도파민이지만 문제는 도파민 과잉이다. 과하게 분비되면 뇌의 보상 체계가 망가져서 강한 유혹에서 벗어나기 힘들다. 그렇게 점차 중독 증세를 초래하며 항상성을 유지하려는 몸의 특성상 더 강한 자극을 원하고 실제로 끊기도 어렵다. 그렇게 반복적인 도파민 샤워를 경험하면 도파민 수용체의 수가 감소한다. 도파민 샤워 대신 찬물 샤워를 하는 게 낫다. 실제로 얼음물 샤워는 신체에 닿는 충격으로 교감신경계를 자극해서 도파민 분비를 촉진한다.

도파민을 분비하는 또 다른 자극은 운동이 있다. 운동은 약물이나 도박과 다르게 도파민 분비를 자극하고 수용체를 증가시켜 민감화된다. 특히 운동을 통해 뇌에 혈액을 보내고 순환시키면 뇌가 최적의 상태가 된다. 심지어 노먼 도이지《스스로 치유하는 뇌》에서는 치매 발병률이 높은 파킨슨병을 진단받은 존 페퍼가 운동으로 파킨슨병을 극복하는 경험담을 전한다. 운동은 약물 남용이나 질환 등으로 망가진 뇌를 치유하는 힘을 갖고 있다고 봐도 무방하다. 더불어 운동은 감정을 조절하는 세로토닌의 생성을 촉진한다.

30분 이상 뛸 때 밀려오는 행복감, 쾌감, 도취감 등을 뜻한다. 헤로인이나 모르핀 등을 투약했을 때 나타나는 의식 상태와 비슷하다고 한다. 팔과 다리가 가벼워지며 피로가 사라지고 새로운 에너지가 생긴다. 이는 사람마다 다르겠지만 보통 1분에 120회 이상의 심박수를 유지한 채 계속 달리게 되면 느낄 수 있다. 숨이 턱 끝까지 차오르게 달리거나 다양한 운동을 할 때도 경험할 수 있다. 내가 경험한 바로는 무아지경 상태로 날아갈 것 같은 느낌이 들고 기분이 너무 좋아서 황홀하기까지 하다. 계속해서 그 기분을 유지하고 싶어서 러닝을 멈출 수 없게 한다.

특히 뇌 건강에 유익한 운동이라 하면 필라테스를 빼먹을 수 없다. 스스로 체간을 조절해야 하는 필라테스는 호흡과 자세에 집중하게 만들어 고민과 생각, 스트레스 등을 잠시 잊을 수 있다. 웨이트나 저항 운동, 근력 운동도 마찬가지로 근육을 강화하고 우울감을 줄이는 데 도움이 되고 에너지가 생긴다. 정기적인 요가, 마음 챙김 명상 또한 엔도르핀을 촉진한다. 그로 인해 마음을 차분하게 하고 감정 조절 능력을 향상한다.

〰〰〰 쉬운 환경

행동력에서 중요한 건 '무조건 쉽게'이다. 쉽게 할 수 있어야 하기에 운동은 가까운 곳에서 해야 한다. 이유는 알다시피 가까워야 운동하기에 손쉽기 때문이다. 가까워도 안 가는 사람이 태반인데 멀면 당연히 가지 않는다. 거리뿐만이 아닌 옷, 도구, 마음가짐 등 여러 방면에서 내가 행동할 수 있는 쉽고 가까운 환경을 구축해야 한다. 이렇게 하면 잠을 줄이지 않더라도 알아서 하게 된다.

예시로 운동을 바로 갈 수 있게 운동복을 가방에 넣어 다닌다든가 일상복처럼 입고 다닌다. 운동 도구가 구비되어 있다면 운동 도구를 내가 활동하는 범위 내에 가까이 위치해야 한다. 홈 트레이닝을 한다면 자주 지나치는 공간에 늘 매트 깔아둔다. 그러나 알다시피 집에서는 안 한다. 10분을 하더라도 운동 센터에 가서 하는 게 낫다. 그렇게 나가기만 하면 나온 게 아까워서라도 30분 이상은 하게 된다. 처음에는 운동을 위해서 주말에 약속을 잡지 않았다. 어떤 때는 집과 직장이 꽤 멀었을 때 헬스장을 두 군데에 다니기도 했다. 그러지 않으면 집에 가는 도중에 '오늘은 헬스장 가지 말고 집으로 갈까?'하는 생각이 든다. 생각이 잠깐이라도 스쳐 지나가면 충동적으로 행동하게 되고 오늘도 내일도 안 가게 된다. 누구는 돈 아깝다고 생각할 수 있겠지만 그저 목표와 가치가 다를 뿐이다. 생각하는 시간이 생기면 행동력과 멀어진다. 그렇게 나는 생각할 시간을 용납하지 않았고 당장 행동할 수 있게 퇴근 후 바로 갈 수 있는 환경을 만들었다. 혹은 센터 근처 카페에 머물러서 미루고 미루다가 가기도 했다. 미뤄도 일단 오늘 할 일을 마무리해야 한다. 내일은 내일의 운동이 있다. 오늘 해야 할 운동을 하지 않으면 집에 들어가지 않았다. 또는 다음 날 아침에 운동 가기 싫은 마음이 들까 봐 운동복을 입고 잤다. 일어나서 운동 가기 싫다는 마음이 비집고 들어오지 않게, 생각할 시간을 조금이라도 없앨 수 있게, 바로 운동하러 갈 수 있는 몸과 마음의 환경을 만들었다.

운동을 하겠다고 생각했으면 그것이 운동에 대한 마음가짐이고 태도였다. 나의 정체성은 매일 운동하는 사람인데 운동하지 않는다는 일은 있을 수 없었다. 전부 힘들다면 돈으로 의지를 사는 방법도 있다. 돈 주고 트레이닝을 받거나 운동 모임 불참시 돈을 거는 방식은 동기를 부여한다. 그러나 어디에 의지하기보다 스스로 다루는 방법을 추천한다.

그렇게 환경을 구축하고 나면 모든 관심사는 운동으로 쏠린다. 쇼핑을 해도 일상복보다는 운동복과 위주로 보게 되고 기름지고 자극적인 음식보다 깔끔하고 소화에 부담스럽지 않은 식사를 무의식적으로 선택하게 된다. 장을 볼 때도 밀키트나 가공식품 쪽은 아예 보지도 않게 되고 야채와 과일의 비중이 커진다. 술자리나 소모적인 모임보다 운동하는 친구들과 함께하는 운동 시간이 늘어난다. 더불어 스마트폰은 운동 관련 앱이나 운동에 대한 기록으로 채워진다. 그렇게 공간부터 마음가짐, 사람, 주변의 사소한 것들까지 모두 건강을 챙길 수밖에 없는 환경으로 들어갔다. 하나씩 차근차근 운동할 수밖에 없는 환경을 만들어라.

~~~~~~~ 어려운 환경

행동하기 위한 환경을 구축했으면 행동력이 어느 정도 쉬워진다. 그렇게 운동을 목표로써 운동인이라는 정체성을 가지고 운동 습관이 생긴다면, 그 이후로는 한 단계 성장하는 게 목표가 된다. 운동은 일단 그냥 하기만 하면 좋다. 그러나 그냥 하는 정도에서 끝나거나 그 상태로 머무르기만 해서는 지속할수록 마음의 짐이 될 수도 있다. 제자리에 머물러있기에 더 이상 발전도 없다. '일단 한다'라는 마음에서 '잘한다'라는 마음을 내면화한다. 처음 비효율적인 시행착오를 겪고 이후 효율을 높인다. 꾸준히 지속하면 처음보다 잘하게 되고 계속하면 수준이 높아지는 것은 사실이지만 이것 또한 마음의 차이다. 잘하려는 마음과 태도로 임해야 잘하고 싶고 발전하고 싶은 마음으로 학습하게 된다. '환경 → 행동 → 학습 → 반복'함으로써 습관을 구축할 수 있다.

그렇게 반복된 행동은 습관을 만들지만 단계별 학습 또한 필요로 한다. '학습 → 반복' 부분을 구간 반복한다. 어느 정도 수준이 생겼을 때 더 깊게 알려고 하는 태도는 단계별 성장을 만든다. 그 과정에서 메모나 사진, 영상 등의 자료들로 기록한다. 그 기록들을 기반으로 스스로에 대한 분석과 피드백을 통해 괄목상대할 수 있다. 같은 분야에 관심사를 가진 사람에게 도움을 청해도 좋으나 전문가에게 직접적으로 배우는 게 가장 큰 도움이 된다. 어느 정도 수준이 높아져 깊이 들어가게 되면 계속해서 부족하다. 배울 부분이 계속 나온다. 전문가를 할 것도 아닌데 라고 생각할 수 있겠으나 부족함에 대한 자아 성찰로 인해 자기를 바로 볼 수도 있다. 그렇게 새로운 목표를 잡아도 좋다. 효율성을 높여서 질적으로 퀄리티를 높인다. 필요성이 없다 할지라도 이러한 발전은 동기를 부여하고 습관을 지속하는 힘을 만든다.

운동은 부작용이 없다. 때때로 항우울제는 부작용이 있을 수 있지만 운동은 자연스럽게 감정 개선이 가능하다. 불안과 우울 등 기분장애뿐 아니라 주의력 결핍 과잉행동 장애(ADHD), 약물 중독, 치매 등에 이르는 각종 질환과 질병을 예방하고 개선하는 데도 최고의 효과를 발휘한다. 특히 운동은 자신의 한계점을 넘어 훈련하는 일로써 성취 도장을 찍기에 바람직하다.

행동을 다루는
독서 습관

　독서는 뇌를 위한 운동이다. 운동은 단순히 동작을 따라 하는 것에 그치지 않는다. 근육을 쓰는 게 목적이라면 무조건 많은 횟수를 채우기보다 한 동작을 하더라도 제대로 써야 효율적이다. 마찬가지로 뇌 근육을 위한 방법으로 책을 택한다. 그러나 책을 많이 읽는다 해서 그것이 내것이 되지 않는다. 생각을 많이 하는 것과 깊게 하는 것은 다르다. 목적 없는 다독보다 한 권을 읽더라도 제대로. 나의 본질을 파악하고 귀 기울인다면 행동을 다룰 수 있다. 그렇게 깊이 있는 독서는 행동하게 한다.

　철학자 비트겐슈타인은 '내 언어의 한계가 내 세상의 한계'라고 전한다. 나의 언어가 나를 말해주고 언어는 나를 투영한다. 언어 능력은 단순히 말을 잘하고 잘 쓰는 것에만 국한되지 않는다. 세상을 이해하고 소통하며 자기 생각과 감정을 표현하고 전달하는 능력을 뜻한다. 다른 말로 어휘력이나 표현력으로 불리기도 한다. 자기 생각과 감정을 정리하고 표현하지 않는 게 버릇이 되면 자기 생각과 감정을 파악하기 어렵다. 게다가 생각과 감정을 말이나 글로 정리하지 못하면, 비언어적 표현인 목소리 톤, 말투, 몸짓, 눈빛, 시선 등 행동이 부드럽지 못하다. 그로 인해 자기 생각에 대한 자신감도 없어질뿐더러 어휘력과 표현력도 낮아지기 마련이다. 덩달아 오해도 많이 생긴다. 어휘력과 표현력이 풍부하면 전달하고자 하는 자신의 의견이나 생각, 감정 등을 의도대로 전달할 수 있다. 그만큼 오해를 줄일 수 있다는 뜻이다. 결국 나의 언어가 곧 나의 정체성이다. 그것은 책을 읽고 쓰는 일이 된다.

~~~~~~ 본연의 '나'와 가까워지는 읽기와 쓰기

우리는 말이나 글로써 나를 표현하고 설득하며 살아간다. 그러나 독서 자체만으로 어휘력이나 표현력이 늘지 않는다. 독서만으로 삶이 변하지도 않는다. 영혼을 살찌우게 하는 것이 독서라지만, 아는 것과 한 것은 다르다. 행동하지 않는다면 책을 안 읽은 것이나 다름없다. 책을 읽고 배운 것을 삶에 적용하고 행동해야 변화의 시작이다.

그러나 책을 읽어도 행동이 어렵고 나한테 적용하는 것은 더욱 힘들다. 왜 그럴까. 감각을 쓰지 않아서 그렇다. 운동으로 튼튼한 몸을 만들 듯이 뇌도 계속해서 자극하고 움직일 때 감각이 발달한다. 공부할 때를 생각해 보면 눈으로만 읽기보다 보고, 듣고, 쓰면서 오감을 통해 학습하는 게 기억에 더 잘 각인된다. 눈으로 '본다'라는 것은 겉으로 드러난 실체 하는 모습 자체를 보는 것이라면, '읽는다'라는 것은 눈으로 보는 문장들을 사고한다. 그저 책을 보고 읽기만 하는 게 아니라 문장을 이해하는 과정에서 기억을 떠올리고 상상한다. 주체적이고 능동적인 '두뇌 활동'으로 책을 탐험하며 사색하게 한다. 그렇게 탐험하다 보면, 책은 감정을 공유하며 위로와 공감도 주고 지식과 정보도 공유해 주며 시야를 넓혀준다. 그로 인해 '읽기'는 생각의 확장이 일어나고 자기 생각과 감정에 대해 더 깊게 사색할 수 있다.

나아가 정리되지 않은 생각과 감정, 욕구는 '쓰기'라는 행동으로 드러나게 된다. 그렇게 읽기에 더한 쓰기는 깊이 있는 생각으로 어휘력과 표현력을 더 해주고 섬세한 감각을 키워준다. 더 깊게 살펴보면 '생각'은 나 혼자 하는 일이기에 자신과 솔직한 내면으로 대화할 수 있다. 자신에게조차 솔직하지 못한 사람들은 더 나은 삶을 살지 못한다. 책을 읽으면 자신이 바라는 욕구와 욕망에 솔직해지고 자신의 감정에 솔직할 수 있다. 그로 인해 나의 존재 자체를 더 잘 받아들인다. 성취를 반복하다 보면 자신이 하늘을 찌르고 위축을 반복하다 보면 자신이 한없이 낮아져도, 책을 읽음으로써 부족한 자신도 보이고 스스로 원하는 삶을 살 수 있다고 믿게 된다.

사람들은 자기가 자신을 바로 볼 수 없으나 독서는 있는 그대로 나를 인식할 수 있다. 그에 따라 나의 존재와 가치를 바로 볼 줄 알게 된다. 나를 되돌아보게끔 바른길을 안내하고 바른 방향으로 행동하게 한다. 그러나 책을 읽지 않으면 자신을 바로 인식하기 힘들고 글을 쓰지 않으면 자신의 존재를 쓸 수 없다. 자신을 드러낼 수 없고 증명하지 못한다. 따라서 책을 읽고 그냥 끝내기보다 글로써 자신을 정리하고 표현하는 일을 습관화해야 한다.

나를 변화시킬 사람은 나밖에 없다. 이런 이유로 책은 읽고 쓰기까지가 제대로 된 독서다. 결론적으로 읽고 쓰는 일은 본연의 자신과 가깝게 한다. 그래서 책은 행동하게 한다.

〰〰〰 읽기의 핵심과 본질

가장 먼저 책에 대한 고정관념을 버려야 한다. '책은 어렵다' 라는 고정관념을 버리고 쉬운 책부터 읽는다. 수준이 맞아야 대화가 가능한 것처럼 책도 자신에게 맞는 수준이 있다. 운동도 워밍업부터 시작하듯이 쉬운 책으로 먼저 몸풀기하듯 가볍게 읽는다. 몰라도 계속해서 읽다 보면 어느새 안 보이던 것들이 보인다. 이럴 때일수록 '독서백편의자현(讀書百遍意自見 : 글을 백 번을 읽으면 그 뜻이 저절로 이해된다)'의 뜻은 더욱 가치 있다.

그렇게 점점 늘려가며 지식을 확장한다. 특히 독서를 '해야만 한다'라며 짐짝처럼 생각하는 게 아니라 편하게 읽어야 한다. 우리가 숨 쉬고 밥 먹는 일을 짐스러워하지는 않는다. 그렇게 자연스럽게 할 수 있도록 독서가라는 정체성을 만들고 하루에 1페이지든 10페이지든 100페이지든 매일 읽는다. 읽고 싶은 부분만 읽어도 된다. 짬짬이 읽어도 된다. 대중교통으로 이동할 때나 누구를 기다릴 때처럼 자투리 시간을 이용한다. 나의 경우, 얼굴에 팩을 2~30분간 올려놓고 읽을 때도 있다. 틈나는 시간을 활용할 수 있게 침대 근처나 머리맡에 책을 늘 주변 가까이 둔다. 독서와 가까운 환경을 만들어 줌으로써 가방이나 차에 책을 1~2권 정도 들고 다니는 걸 추천한다. "무거운데 어떻게 들고 다니나?", 혹은 "책 읽을 시간이 없다."라는 말은 아직 책을 읽겠다는 생각이 없는 것이므로 독서할 마음 환경부터 가지고 와야 한다.

특히 책을 읽는 시간이 중요한 게 아니라 조금이라도 매일 자주 겪으며 독서와 가까운 환경을 노출한다. 책을 읽겠다고 가방에 무겁게 들고 나갔으나 읽지 못해도 괜찮다. 오늘은 가방만 무거웠지만 그래도 들고 나갔으니 다음에는 꼭 읽으리라. 괜히 들고 나간 게 아니라 책 읽을 시도를 한 것에 긍정의 의미를 부여한다. 못 했다고 자꾸 자신을 죄책감으로 몰아넣지 말고 행동에 의미 부여를 하는 게 좋다. 그리고 다음에 다시 시도한다. 시행착오를 겪는 시기가 있어야 점차 효율적으로 행동하게 된다.

한 번에 다 읽는다고 생각하지 말고 한 챕터나 두 챕터씩 범위를 정해두자. 또는 시간을 정해두며 타이머를 설정하고 집중력을 높여보자. 제일 중요한 점은 책의 내용을 이해하고 공감하는 동의만 표하기보다 자신에게 적용해 보는 것이다. 반대로 글에 대한 비판적 사고도 필요하겠지만 독서를 단순히 평가하기 위함에 머무르면 무의미해질 수 있다. 비판적 독서가 수단이 될 수는 있어도 목적이 되면 소모적인 에너지가 발생한다. 최종적으로 비판의 대상은 자신이 되어야 하며 자신에 대한 반성과 성찰로 통찰에 이르게 한다. 그것이 본질적인 독서의 목적이다.

〰〰〰 '나'를 표현하고 드러내는 쓰기

책에 대한 고정관념도 버려야 하지만 읽기와 쓰기에 대해 가져야 할 중요한 마음가짐이 있다. 이미 알고 있다고 생각한다면 무언가를 배우기는 불가능하다. 능동적이고 적극적인 배움의 자세가 중요하다. 자신감은 가지되 자만은 하지 말아야 한다. 독서를 통해 나의 입지를 넓히고자 하는 게 목적이 아니다.

자기 생각이 너무 강하면 다른 저자의 생각이나 글이 흡수가 안 된다. 궁극적인 독서 목적인 올바른 방향으로 갈 수 있도록 자기 생각을 내려놓는 게 첫 번째다.

책 읽는 습관이 어느 정도 길러지면 그 후에는 두꺼운 책도 읽어나간다. 핵심과 본질을 파악하기만 하면 책 읽기는 쉬워진다. 한 주제에 관련한 책을 몇십 권씩 연속으로 읽으며 책이 말하고자 하는 핵심과 본질을 파악한다. 다독하다 보면 그중에서도 나에게 더 좋은 책이 몇 권 있다. 좋은 책은 반복해서 여러 번 읽는다. 책은 다시 읽어도 뜻이 새롭다. 나라면 어떻게 했을까. 나의 상황과 나의 환경이라면 어떨까. 이건 왜 이렇고 저건 왜 그럴까 계속해서 의문을 가지며 생각의 깊이를 더해간다. 중요한 건 '읽기'만으로 생각에서 그치지 않고 '쓰기'로 생각과 감정을 정리하는 게 좋다. 처음부터 쓰기에 자신이 없다면 플래그나 포스트잇으로 짧은 글을 활용한다.

나는 읽다가 줄을 긋고 줄 친 부분에 대해 글로써 내 생각을 써가며 저자와 대화했다. 저자의 생각을 반추하며 핵심 문장을 나에게 적용하고 대입해서 생각해 본다. 그래서 내 책은 메모와 기록 때문에 깨끗하지 않다. 사실 가장 추천하는 방법이다. 떠오르는 그대로 생각을 적을 수 있고 아이디어를 바로바로 적음으로써 잊지 않고 찾아보기도 쉽다.

또는 필사라는 좋은 방법이 있다. 눈으로 보는 것에 더해 손과 마음을 다해 감각을 깨우기에 좋다. 집중력도 강화된다. 책을 읽다 보면, 스토리 속에 직접 갔다 온 느낌으로 여운이 남는가 하면 나 자신이 주인공이 되어 새롭고 다양한 각종 입장을 겪는다. 그야말로 모험 아니면 탐험과 가깝다. 그렇게 과거의 기억들이 대입되고 미래를 상상하며 내 상황과 현재의 나로서 새로운 감정적 경험을 제공한다. 독서 노트에 책 내용과 생각을 따로 정리하다 보면 뒤죽박죽 섞여 있던 생각이나 모호했던 감정들이 뚜렷해진다. 관련된 아이디어나 새로운 관점이 떠올라 더 재밌게 읽은 효과를 가져온다.

이런 방식으로 내 의견과 감정이 일목요연하게 정리되면서 자신을 더 명확하게 표현할 수 있다. 쓰기를 통해 글의 흐름이나 문법, 단어 선택까지도 관여하기에 두뇌 활동을 활성화한다. 읽기와 쓰기는 전부 뇌를 활발하게 활성화하는 과정이다.

독서는 나를 위한 일이다. 자기성찰과 반성까지 통찰함으로써 자신을 바로 볼 수 있게 한다. 감정 지능 외에도 자기 객관화와 메타인지도 성공과 밀접한 관련이 있다. 읽기와 쓰기라는 행동으로 오만과 위축의 경계에서 그리고 자기 의심과 확신으로부터 자신을 꺼낼 수 있다. 그렇게 내 언어의 어휘력과 표현력은 자기 생각과 감정을 정리하는 데서 나온다. 생각과 감정이 정리되면 마음 따라 몸이 간다. 결과로 감정은 생각이 되고 생각은 행동이 된다. 그래서 책은 행동을 다룬다.

타인과의 연결고리 자기 PR 시대

　바야흐로 '자기 PR' 시대가 왔다. 사실 자기 PR은 사람의 인정 욕구라는 본능에 따라 존재했다. 회사에서도 승진을 위해 자기 PR을 하고 성과를 내려 몰두하며 커리어에 많은 힘을 쏟는다. 취준생은 자신을 증명하려 자격증과 각종 스펙을 쌓고 면접관 마음을 얻으려 노력한다. 연예인들마저도 스스로 알리기 위해 작품과 방송활동에 매진하며 꾸준히 얼굴을 보이고 소통한다. 비즈니스도 예외는 아니다. 상품과 서비스를 잘 팔고 거래를 성사시키기 위해 홍보한다. 이렇듯 모든 분야에서 자신을 알리기 위해 애쓴다.

　그러나 현대 사회는 개성과 직업이 더욱 뚜렷해지고 다양해졌다. 각자 자신이 보고 싶은 것과 좋아하는 것만 보는 개성이 중요한 마니아 시대다. 그로 인해 개인마저도 자기를 홍보하고 드러내야 알아주는 사회가 됐다. 때로는 자신의 성과를 침묵하는 겸손이 필요하지만 빠르게 격변하는 사회는 나를 기다려 주지 않는다. 자신을 드러내야 하는 자기 PR에 겸손은 없다. 그렇게 상대에게 강한 인상을 남기고 나를 알리기 위한 설득력은 이제 선택이 아닌 필수다. 자신을 드러내 세상이 나를 원하게 하라.

～～～～～ 나를 파는 기술, 대체 불가한 경쟁력

스펙을 쌓고 아무리 노력해도 나보다 더 잘하는 사람이 있기 마련이다. 이제 더 이상 자격증이나 학력, 쌓아온 스펙만으로 나의 앞길을 보장해 주지 않는다. 비슷비슷한 수준에서는 아무리 채우려 해도 도리어 가격 경쟁만 될 뿐이다. 문제는 면접에 합격해도 아무리 자격증을 따고 스펙을 쌓아도 회사에 다녀도 왠지 불안하다는 점이다. 늘 마음이 채워지지 않는다. 왜 그럴까. 소속감은 언제든지 잃을 수 있고 자신만의 경쟁력이 없기에 불안하다.

특히 개인은 언제든지 대체 가능하다. 누구나 다 가진 변별력을 잃은 스펙들은 더 이상 경쟁력으로써 힘이 되지 못한다. 심지어 요즘처럼 AI가 모든 것을 대체하는 시대에 이제는 나를 파는 기술을 익히고 대체 불가한 경쟁력을 키우는 사람만이 살아남는다.

사이먼 사이넥의 《나는 왜 이 일을 하는가》는 당신만의 Why를 찾으라고 말한다. 모든 시작은 What이 아니라 Why에서 시작해야 한다고…. 따라서 자기 PR마저도 그 결과만을 바라보는 게 아니라 결과가 가져올 기회와 희망에 대한 목적과 신념을 분명히 할 필요가 있다. 더구나 아무리 '나'가 중요하다지만 그렇다고 세상을 혼자 살 수 없다.

세상은 나를 중심으로 타인과의 연결고리가 생긴다. 남과 나, 그렇게 세상은 둘로 나뉜다. 그러나 나는 그냥 나로서 존재할 뿐. 남에게는 어떤 의미가 있고 어떠한 형태로 존재할 것인지. 상대가 나와 내 서비스를 찾는 이유가 뭔지, 결국 본질적으로 나를 '왜' 선택하고 찾는지를 알고 남과 나를 이해하며 나를 잘 설득하는 사람만이 원하는 것을 더 쉽게 얻게 된다.

남을 이해하기 위해서는 나부터 나를 이해해야 한다. 나를 잘 설득하기 위해서는 나부터 나를 잘 알고 자신을 드러내어 공유해야 한다. 나와 내 서비스에 확신을 가져야 한다. 나와 내 서비스를 모르고 확신이 없는데 어찌 이해시킬 수 있겠는가.

사실 이는 비즈니스뿐 아니라 인간관계에서도 중요한 요소다. 추가로 아무리 좋은 제품이나 서비스라도 그에 대한 가치가 전달되지 않으면 떠난다. 자신을 증명하려 하고 이해시키려 해도 사람은 끌어당기지 못한다. 이제는 나만의 이야기가 있는 사람만이 사람을 끌어당길 수 있다. 스스로 노력해서 얻은 변화나 결과로써 자기 가치를 만들고 나를 드러내는 사람만이 더더욱 대체불가한 사람이 된다. 나아가 자신만의 경험과 생각, 정보나 지식 등 자기 가치를 공유하는 사람만이 남과의 연결고리가 생긴다.

다만 다양한 가치가 존중받는 사회에서 나에게 남을 투영시키지도, 남에게 나를 투영시키지도 말아야 한다. 그저 내 생각과 나의 이야기로 자신의 가치를 공유하고 나눠주면 된다. 내 가치에 반해 내게 오래 머물도록 내 마음과 결이 맞는 사람들을 내 삶에 초대하는 것과 같다. 그렇게 뚝심 있게 나의 길을 걷는다면 나와 같은 길을 걷는 사람들은 우리라는 공동체로 연결된다. 인연이면 내 곁에 끝까지 남는 것과 같은 이치로, 결국 모든 것은 '나'로부터 나온다.

〰〰〰 리더의 기술, 소통도 능력이다

리더라고 하면 보통 앞장서는 사람이 생각난다. 높은 직책으로 힘이 세 보이거나 혹은 권위적이거나 무언가 무게감이 느껴진다. 그러나 리더십은 영향력을 의미한다. 우리는 다양한 형태로 좋든 싫든 누군가에게 영향을 주고받으며 함께 한다. 그런 의미로 모두가 자기 세상에서 리더라고 볼 수 있다. 다만 제일 먼저 이끌어야 할 대상은 남이 아닌 내가 된다.

나아가 영향력은 우리가 행사하는 에너지다. 데이비드 호킨

스는 그의 저서 《Power vs Force》에서 긍정과 부정으로 두 가지 종류의 에너지에 대해 말한다. 바로 '힘(power) vs 위력(force)' 두 단어의 의미를 살펴보면, 먼저 위력(force)은 외부에서 강제적으로 발현되는 힘을 말한다. 독단적인 힘으로 강제적인 복종을 이끌 수도 있고 오만, 위협, 강요 등과 같은 부정 요소로 발현되기도 한다. 때로는 자신감, 카리스마 등 긍정 요소로 볼 수도 있다. 반면 '힘(power)'은 외부에서 직접적으로 요구하지 않고 나의 의지를 관철하는 내재적인 힘이다. 이러한 영향은 진정한 협력과 헌신을 끌어내며 구성원들이 자발적으로 리더를 따르게 한다. 힘과 위력의 양면적 모습을 이해하고 적절하게 갖춘 모습은 능히 협상에 유리하다.

이에 따라 리더의 잘못된 행보는 조직을 침체하게 하고 곧 위기를 직면한다. 리더는 군림하거나 굴복하게 하는 것이 아니다.

Leadership은 '리더(leader)+배(Ship)'를 결합한 말로 배를 이끌어 목적지에 도달하게 하는 능력을 뜻한다. 배는 정복을 위한 게 아니라 항해를 위한다. 권위를 내세우면서도 무능력하고 성과를 창출할 수 없는 리더의 결함은 꽤 심각한 결과가 따르고 그만큼 책임도 따른다. 리더의 존재 이유는 공동체와 조직의 성과를 내기 위해, 목표를 달성하기 위해 '서로의 성장과 발전'을 목표로써 귀결된다. 그렇다면 리더는 앞장서서 이끄는 게 아닌 뒤에서 밀어주는 존재가 되어야 한다. 그렇게 리더는 지지하고 돕기 위해 존재한다. 목표를 성취할 수 있게 '돕고 협력하는 것' 그것이 리더의 역할이자 목표다.

그중에서도 과거 과정을 공유해 주고 현재 삶도 소개해 주고 지식을 나눠주며 하나라도 더 주려는 기버(Giver)형 리더들이 있다. 기버형 리더들은 상대의 역량을 향상하고 협력적인 문화를 조성함으로써 팀 전체의 성과를 극대화한다.

《Give and Take》의 애덤 그랜트는 기버(Giver)의 이타적인 행동을 통해 쌓인 신뢰와 긍정적인 상호작용은 결국 더 큰 기회와 이익으로 돌아온다고 말한다. 그렇게 하기 싫거나 어려운 일도 솔선수범하는 기버가 되면 섞일 수 없을 듯한 사람도 어느새 우리가 된다. 서로에게 진정으로 도움을 줄 수 있을 때, 신뢰는 단단해지고 관계는 더 깊어진다. 그러나 자신이 조금이라도 더 가져가겠다는 생각으로 이기적인 리더가 된다면 사람을 따르게 할 수 없을뿐더러 도리어 모두가 떠난다. 이기적인 행동은 결국 신뢰를 잃고 신뢰를 잃으면 전부를 잃는 것과 다름없다. 더구나 리더십에는 정답이 없고 옳고 그름도 없다지만 훌륭한 리더들은 '설득력'이 있다. 자신의 비전과 신념 그리고 목적과 가치를 효과적으로 전달하며 깊은 영감을 준다.

이제는 기업의 리더뿐 아니라 개인의 리더십도 필요하다. 남의 눈치 보지 않고 내 소신에 따라 생각과 의견을 표방하는 일이 중요해졌다. 더욱 자신의 정체성과 행동력이 중심이 된다는 뜻이다. 나의 소신 있는 신념과 희망은 주변 사람들에게도 생각의 전환이나 시너지를 주는 원동력이 된다. 그렇게 내가 어떤 사람인지 드러내고 이해시키는 행동을 큰 틀로 소통이라 볼 수 있다. 그러나 일방적인 소통은 소통이 아니라 불통이다. 소통이라 함은 '서로 뜻이 통해 오해가 없음'을 소통이라 칭한다. 서로를 이해한다는 뜻이다. 즉, 진정한 소통은 나를 보여주기 이전에 상대에게 귀 기울이고 들어줌으로써 온 마음을 다해 상대를 이해하려 한다. 게다가 소통은 리더십의 기초이자 관계의 기초다. 그에 따라 서로 진정성 있는 소통을 할 수 있다. 거기에 더해서 사람들은 '나를 드러내라' 하면 '나'라는 단어에 의미를 부여하고 '나를 어떻게 보여줄까?' '나에 대해 뭘 보여주지?'라는 생각으로 흘러간다. 어떻게 하면 더 띌 수 있을지, 더 특별해질지 또는 어떻게 차별화를 시킬지만 생각한다.

그에 비해 사람들은 나에게 큰 관심이 없다. 특히 각자의 성향이 더 강조된 마니아 시대에 제품의 본질과 더해 더욱 가치 있는 곳에 투자한다. 나와 내 서비스의 정체성은 확립하되 '나'에게 의미 부여를 하지 말고 '상대'에게 의미를 부여해야 한다. 상대가 생각하는 문제나 고민, 불편함 등을 어떤 방식으로 해소해 줄 수 있는지, 필요로 하는 본질적인 가치는 무엇인지. 어떻게 해야 상대가 만족할지. 상대가 바라고 원하는 것을 주는 게 핵심이다. 이에 따라 핵심만을 짚어서 단순화하고 과정을 풀어서 최대한 알기 쉽게 설명해 줘야 이해시킬 수 있다. 최종적으로 상대의 언어와 상대의 속도에 따라 상대의 입장과 눈높이로 깊은 공감에 도달해야 남다른 통찰에 이른다.

상대의 마음을 읽지 못하고 얻지 못한다면 얻을 수 있는 건 없다. 결국 대체 불가한 리더의 기술은 '상대'에게서 나온다.

나를 알고 남을 알기. 나를 이해하고 남을 이해하기. 나의 니즈 파악과 남의 니즈 파악이 전부다. 나 공부, 사람 공부 외에도 시대 흐름을 이해하는 공부도 필요하다. 지식을 배양하는 자만이 세상이 나를 원한다. 결국 경쟁력과 능력을 갖춘 자만이 생존 능력에서 경쟁우위를 차지한다.